바라는 대로
이루어지는
부의 법칙

일러두기

이 책은 1911년에 출간된 《부의 여덟 기둥Eight Pillars of Prosperity》과 1912년에 출간된 《삶이 어려울 때 비추는 빛Light on Life's Difficulties》을 지선만의 문체로 현대에 맞게 각색하여 담았습니다.

세상의 모든 지혜 02

114년 동안 내려온 부의 여덟 가지 비밀

바라는 대로 이루어지는 부의 법칙

제임스 앨런 지음
지선 편저

이너북
INNERBOOK

추천사

당신의 타고난 운명을 바꾸는 여덟 가지 법칙

"부자가 되고 싶다면 이 여덟 가지를 명심하라."

1864년에 태어난 제임스 앨런이 말했습니다. 그리고 이 말은 여전히 현재를 살아가는 우리에게 유효합니다.

우리는 모두 부자로 더 나은 삶을 살기 원합니다. 하지만 대부분은 그 방법을 모르고, 막연한 희망만 품은 채 살아갑니다. 이 책은 막연함을 구체적인 행동으로 바꾸는 실천서이자 안내서입니다.

'에너지', '절약', '정직', '체계', '공감 능력', '진실성', '정의', '자기 신뢰'.

제임스 앨런이 말한 이 여덟 가지가 바로 '부의 번영'으로 가는 핵심 열쇠입니다. 그리고 이를 지켜내는 힘, '의지력'까지 이 책에 담았습니다.

앨런은 에너지, 절약, 정직, 체계만 지켜도 먹고사는 데 문제가 없으며, 만약 여덟 가지 원칙을 모두 지킨다면, 전 세계가 인정하는 아주 큰 부자가 될 거라고 합니다.

이 책은 철학적인 인생 조언이 아니라, 당신의 타고난 운명을 바꾸는 공식입니다. 부자로 태어나지 않았다고 실망하지 마세요. 여덟 가지 원칙을 지킨다면 당신도 곧 부자가 될 것입니다.

하와이 대저택

프롤로그

반드시 통하는 부의 법칙 여덟 가지

　진짜 부를 만드는 법칙은 이미 우리 안에 있다. 그것은 경제지표도, 복잡한 투자 전략도 아니다. 삶을 바라보는 태도, 일상의 원칙, 그리고 도덕성에서 출발한다.
　많은 사람이 사회가 변해야 우리가 잘살 수 있다고 믿는다. 하지만 법과 제도만으로는 진짜 변화가 일어나지 않는다.
　그 무엇보다 먼저 바뀌어야 하는 것은 개인의 삶의 자세, 즉 각자의 내면에 있는 도덕적 기반이다. 한 사회의 운명은 결국 그 사회를 이루는 수많은 개인들의 정신 수준에 따라 달라진다. 게으름과 무책임이 만연한 곳에 부의 번영이 오래 머무를 수 없다.
　반대로, 자기 삶에 책임을 지고 올곧게 살아가려는 사람들이 많아질수록 그 사회는 자연스럽게 성장하고 풍요로워진다.

이 책에서 소개할 여덟 가지 부의 법칙은, 바로 그런 내면의 힘을 기르는 데 필요한 '인생의 기둥'이다. 이 기둥들은 눈에 보이는 성공을 만들어 내는 숨은 구조물처럼, 겉으론 잘 드러나지 않아도 결국 당신 인생의 모든 결과를 지탱한다.

이 법칙들은 유행을 따르지 않고, 외부 조건에도 흔들리지 않으며, 언제 어디서나 반드시 통하는 진리이다.

당신이 진짜 부자가 되고 싶다면, 부의 번영을 이루고 싶다면, 이 기둥들을 마음 깊이 심어야 한다. 여덟 가지 법칙 위에 당신만의 신전을 짓길 바란다. 그 신전은 시간이 흘러도 무너지지 않고, 당신의 인생을 든든히 떠받치는 가장 소중한 자산이 되어줄 것이다.

영국 일프라콤, 빛의 언덕에서
제임스 앨런

차례

추천사 당신의 타고난 운명을 바꾸는 여덟 가지 법칙   4
프롤로그 반드시 통하는 부의 법칙 여덟 가지   6

1부
부의 번영을 위한 여덟 가지 법칙

1장. 부의 여덟 기둥   13
2장. 부의 번영을 위한 첫 번째 법칙, 에너지   29
3장. 부의 번영을 위한 두 번째 법칙, 절약   49
4장. 부의 번영을 위한 세 번째 법칙, 정직   75
5장. 부의 번영을 위한 네 번째 법칙, 체계   93
6장. 부의 번영을 위한 다섯 번째 법칙, 공감 능력   109
7장. 부의 번영을 위한 여섯 번째 법칙, 진실성   131
8장. 부의 번영을 위한 일곱 번째 법칙, 정의   149
9장. 부의 번영을 위한 여덟 번째 법칙, 자기 신뢰   169
10장. 확실하게 부를 얻는 가장 완전한 방법   187

2부
완전하게 부의 번영을 지속하는 길

11장. 의지력이 인생을 바꾼다　　　　　　　　　205
12장. 정신적 가치와 물질적 가치를 구분해야 한다　　217
13장. 감정에 휘둘리지 않고, 나를 지키는 힘　　　　227
14장. 나를 방해하는 것은 나 자신이다　　　　　　237
15장. 자기 컨트롤이 필요하다　　　　　　　　　　247
16장. 어리석은 길에서 지혜의 길로　　　　　　　　255
17장. 기질이나 성격은 바꿀 수 있다　　　　　　　263
18장. 일의 가치와 기쁨을 누려라　　　　　　　　　269
19장. 슬픔을 극복하는 법　　　　　　　　　　　　277
20장. 인생에서 모든 것은 변한다　　　　　　　　　289

에필로그　당신이 만드는 오늘이, 바로 부의 시작점이다!　298

부의 번영을 위한
여덟 가지 법칙

"행운은 매달 찾아온다.
그러나 그것을 맞이할 준비가 되어 있지 않으면
거의 다 놓치고 만다.
이번에는 이 행운을 놓치지 말라!"

— 데일 카네기

부의 여덟 기둥

마음의 평화와 올바른 사고방식이 부와 성공으로 이끈다.
삶의 질서와 인고의 결과로 부는 올 것이다.
단순히 돈을 많이 버는 게 아니라, 풍요로운 내면이 있어야
지속 가능한 물질적 번영도 따른다.

부의 번영에는 도덕성이 바탕이 되어야 한다. 대체로 많은 사람이 부와 권력을 가지려면 부도덕한 기반, 즉 탐욕적이고 속임수와 사기를 통해 이룰 수 있다고 생각한다. 게다가 똑똑하다고 여겨지는 사람들도 "정직하면 사업에서 성공할 수 없다"라고 공공연하게 말하고 다닌다. 누구나 바라는 사업의 번영이 좋은 것임에도 부정직한 행동의 결과로 받아들이게 만든다.

이러한 생각은 피상적이고 사려 깊지 못하며, 도덕적 인과관계의 지식이 전혀 없을 뿐만 아니라 인생에 대한 이해의 폭도 매우 제한적이라는 것을 나타낸다. 마치 사리풀을 심어 놓고 시금치를 거두려고 기대하거나, 늪지대에 벽돌집을 세우는 것과 같다. 이러한 일들은 자연적 인과관계에서 불가능하기 때문에 시도해서는 안 되는 일이다.

정신적, 도덕적 인과관계의 질서도 원칙적으로 다른

것이 아니라, 오직 특성만 다르다. 보이는 것, 즉 자연현상과 마찬가지로 보이지 않는 것, 즉 생각과 행동에서도 동일한 법칙이 적용된다. 인간은 자연현상의 과정이 보이기 때문에 법칙에 따라 행동한다. 그러나 정신적인 과정은 눈에 보이지 않기 때문에, 법칙 같은 건 존재하지 않는다고 생각하며 법칙을 따르지 않는다.

이러한 정신적 과정은 자연적 과정만큼이나 단순하고 확실하다. 실제로 정신적 과정은 자연적 과정이 마음의 세계에 나타나는 자연스러운 방법과 같다. 과거 위대한 스승들의 가르침과 말씀은 이 사실을 설명하기 위한 것이었다.

자연계는 눈에 보이는 정신의 세계이다. 보이는 것은 보이지 않는 것의 거울이다. 원의 위쪽 절반은 아래쪽 절반과 같지만, 그 구면은 반대쪽을 향하고 있다. 물질과 정신은 우주에서 분리된 두 개의 원호가 아니라 완전한 하나의 원을 이루는 두 반쪽이다.

자연계와 정신계는 영원한 적대 관계가 아니라 우주의 진정한 질서에서 영원히 하나다. 기능과 능력을 무리하게 남용하여 분열이 일어나고, 완벽한 원의 중심에서 다른 자리로 억지로 옮겨 반복되는 고통으로 되돌아오게 하는 것은 자연법칙을 반하는 것이다. 모든 자연법칙에는 그에 상응하는 정신적 법칙이 있다.

어떤 자연 대상이든 자세히 살펴보면 그 근본적인 과정을 정신적인 영역에서도 찾을 수 있다. 예를 들어 씨앗이 발아하여 식물로 성장하고, 꽃이 피고 나서 다시 씨앗으로 돌아가는 과정을 생각해 보자. 이 과정은 정신에도 동일하게 적용된다.

생각은 씨앗이며, 마음의 토양에 떨어져 발아하고 성장하여 완성 단계에 도달하면 그 성질에 따라 선하거나 악한, 똑똑하거나 어리석은 행위로 꽃을 피우고, 다시 생각의 씨앗으로 다른 마음에 뿌려진다. 스승이 씨앗을 뿌리는 사람이자 정신적인 농업 전문가라면, 그가 가르치는 제자는 스스로 마음의 밭을 가꾸는 현명한 농부다.

생각이 성장하는 과정도 식물과 같다. 계절에 맞게 씨앗을 뿌리면, 어느 정도 시간이 지나면 씨앗은 깨달음의 식물로 자라 지혜의 꽃을 피운다.

이 글을 쓰다가 잠시 멈춰 서재 창문을 내다보니, 백 미터쯤 떨어진 곳에 키 큰 나무 한 그루가 있었다. 그 나무 꼭대기에는 새 한 마리가 처음으로 둥지를 틀었다. 강한 북동풍이 불면서 나무 꼭대기가 이리저리 심하게 흔들렸다. 나뭇가지와 털로 만든 연약한 둥지는 안전했고, 알을 품은 어미 새는 폭풍을 두려워하지 않았다. 왜 그럴까? 새는 본능적으로 최대한 안전한 곳에 자리를 잡아야한다는 원칙에 따라 둥지를 만들기 때문이다. 먼저 새들은 두 나뭇가지 사이의 공간이 아닌 가지의 갈래 부분을 둥지의 터로 선택한다. 그래서 나무 꼭대기가 아무리 심하게 흔들린다고 해도 둥지의 위치가 달라지거나 구조가 약해지지 않는다. 둥지는 원형으로 만들어 외부 압력에 최대한 견딜 수 있다. 그 목적에 따라 내부를 더욱 완벽하고 조밀하게 만들어 아무리 폭풍이 몰아쳐도 새는 편안하고 안전하게 쉴 수 있다.

이것은 매우 단순하고 친숙한 이야기지만, 현명한 사람이라면 이 이야기에서 엄격한 법칙을 철저하게 따라야 한다는 사실을 깨닫게 될 것이다. 이러한 불변의 원칙을 자신도 따라야 불확실한 인생의 풍파에서도 안전하고 평화로운 상태에 머물 수 있다는 교훈을 얻을 것이다.

사람이 지은 집이나 신전은 새 둥지보다도 복잡한 구조를 하고 있다. 이처럼 자연계에 있는 모든 것이 엄격한 원칙에 따라 세워진다. 따라서 사람 역시 물질적

측면에서도 보편적 원칙을 따른다는 점을 알 수 있다.

일반적으로 사람들은 기하학적인 비율을 무시하고 건물을 올리지 않는다. 그 비율을 무시한다면 건물이 안전하지 않기 때문이다. 폭풍이 불어닥치는 대로 바로 폭삭 주저앉을 것임을 알기 때문이다. 건물을 지을 때 원, 정사각형, 각도의 정해진 원칙도 철저히 따른다. 그리고 자, 다림줄, 나침반의 도움을 받아 아무리 모진 폭풍에도 견딜 수 있는 안전한 건물과 집을 짓는다.

아마도 이 모든 게 너무나도 단순하지 않냐고 반문할 수 있다. 그렇다. 원래 참되고 완전한 진리는 심플한 것이다. 그러나 이것은 절대적 진리이기에 조금의 오차도 허용되지 않는다. 인간은 오랜 경험을 통해 이러한 세상의 원칙을 체득했고, 그것에 순응하는 지혜를 깨달았다.

단순한 예를 들어 설명했지만, 정신적 세계나 영적 세계의 완벽하고 항구적인 원칙도 이토록 단순하기는 마찬가지라는 사실을 알려주고 싶다.

아쉽게도 오늘날 많은 사람이 이 심플한 원칙을 제대로 이해하지 못한 채 매일 위반하며 산다. 어리석은 마음으로 스스로 행하는 해악을 의식하지 못한다.

이 세상에 존재하는 자연과 그로 인해 일어나는 현상도, 인간 역시 자연의 법칙에 따라 살고 있다. 의식적으로든 무의식적으로든 이 법칙을 무시한다면 재앙과 함께 실패하게 될 것이다.

사실 세상의 고통과 슬픔의 원인은 바로 자연의 법칙을 무시한 사람들 때문이다. 어떤 사람들은 이 법칙을 '수학적'으로 표현하지만, 대부분의 사람들 마음에 있는 '도덕적'인 것을 가리킨다. 그렇다고 수학과 도덕은 다르다거나 반대되는 것이 아니다. 커다란 하나의 두 측면일 뿐이다. 모든 물질에 적용되는 불변의 수학 법칙이 있듯 정신 세계에도 적용되는 불변의 도덕 법칙이 있다.

또한 영원한 도덕적 원칙은 동시에 마음의 우주에서 작동하는 수학적 공리이기도 하다. 도덕적 원칙을 떠나 성공한 삶을 살겠다는 것은 수학적 원칙을 무시하면서 안전한 건물을 짓겠다는 것만큼 실행하기 어렵다. 인격도 집처럼 도덕이라는 토대 위에 세워질 때만 굳게 설 수 있다. 그리고 그 토대 위에 행동을 정성껏 하나하나 쌓아가야 한다.

폴 구스타프 피셔, 〈생선을 사는 세 명의 여성〉

인생은 집을 짓는 것과도 같다. 집의 설계도는 '인격'이고, 하나하나 쌓아 올리는 '벽돌'은 당신의 '행동'이다. 우리가 어떤 삶을 살든, 회사든 가정이든, 인간관계든 모든 것은 우주의 질서라는 커다란 법칙 아래 움직이고 있다. 이 질서를 무시한 번영은 오래가지 않는다. 안정적이고 오래가는 번영을 원한다면, 도덕적 원칙이라는 단단한 토대 위에 삶을 세워야 한다. 그리고 그 기둥은 훌륭한 인품과 도덕적 가치가 내면에 담겨 있어야 한다. 금강석처럼 단단한 기반이 되어 당신의 삶과 일이 무너지지 않게 든든히 받쳐 줄 것이다.

도덕적 원칙을 무시한 길 끝에는 반드시 대가가 따른다. 그 대가는 재정적인 손실이나 사람과 사람 사이의 신뢰 붕괴, 스스로의 후회일 수 있다. 어느 사회에서든 변치 않는 부를 누리는 사람은 사기꾼이 아니라 믿음직하고 올곧은 사람들이다.

우리는 흔히 '사업체를 설립한다'라고 말하지만, 실제로 사업체도 벽돌을 쌓아 올려 지은 집이나 석조 교회처럼 단계적이고 구조적인 형태를 갖고 있다. 결국 사업도 하나의 건축물이다.

하지만 부의 설립 과정은 실제로 정신적 과정이다.

번영도 지붕처럼 우리를 보호하려면 기반이 튼튼해야 한다. 기초가 약하면 아무리 큰 성공도 쉽게 무너지게 된다. 번영이 지붕이라면 그 아래에는 도덕성이라는 단단한 기초가 있어야 하고, 그 위에 여덟 개의 기둥이 튼튼하게 받쳐줘야 한다.

- 에너지Energy : 게으름과 싸우고 활기찬 삶을 살 것
- 절약Economy : 자원을 낭비하지 않는 지혜
- 정직Integrity : 신뢰받는 삶의 기초
- 체계System : 정돈된 습관과 질서
- 공감 능력Sympathy : 타인과의 조화
- 진실성Sincerity : 위선 없는 진정성
- 정의Impartiality : 편견 없는 판단
- 자기 신뢰Self-reliance : 독립성과 주체성

이 모든 원칙을 완벽하게 실천하며 세워진 기업은 탄탄하고 오래 지속될 세계 최고의 기업으로 자리매김할 것이다. 결국 세계 최고 수준의 기업으로 자리 잡으며, 어떤 위기나 방해에도 쉽게 무너지지 않는 강한 힘을 갖게 된다. 또한 원칙을 지킬 때까지 성공은 보장될

것이다.

이 여덟 가지 원칙은 모든 종류의 성공에 크게든 작게든 기여한다. 모든 사람이 바라는 부의 번영에는 이 여덟 가지 강력한 지지대가 있게 마련이다.

주변에 성공한 사람이 비교적 드문 이유는 이 여덟 가지 원칙을 모두 온전하고 완전하게 실천한 사람이 적기 때문이다. 드물다고 해서 실천하는 사람이 전혀 없는 것은 아니다. 대체로 그들은 지도자, 스승, 안내자이자 사회의 버팀목이며, 진화에 앞장서는 선구자이다.

도덕성은 성공의 가장 튼튼한 기반이다. 도덕적 원칙을 완벽히 실천한 사람은 반드시 최고의 성공을 이루지만, 그렇게 완성된 인격을 가진 이는 극히 드물다.

그래서 여덟 가지 원칙 중 몇 가지만 제대로 실천해도 그에 상응하는 번영은 따라온다. 두세 가지 원칙만 잘 지켜도 적당한 수준의 성공과 제한적 영향력을 얻는 데 충분하다. 그만큼 이 원칙들의 힘은 강력하다. 지금은 일부 원칙만 실천하고 있더라도, 계속해서 다음 기둥들을 쌓아간다면 그만큼 더 넓고 깊은 성공이 찾아올 것이다. 한 사람의 도덕성 수준을 보면, 그가 어디까지 성장할지 예측할 수 있다.

결국 번영이라는 신전은 도덕의 기둥 위에만 세워질 수 있다. 기둥이 약하면 신전은 흔들리고, 기둥이 빠지면 무너진다.

도덕 원칙을 무시하거나 따르지 않는 사람은 실패와 패배를 면치 못한다. 결국 내가 한 일은 나에게 돌아오기 때문이다. 돌을 위로 던지면 아래로 떨어지듯, 좋은 일이든 나쁜 일이든 내가 한 모든 행동은 언젠가 자신에게 되돌아온다.

이건 개인뿐 아니라 가족, 조직, 더 나아가 한 나라까지도 마찬가지다. 그렇기 때문에 도덕적인 힘과 지혜가 쌓여야 발전도, 번영도 가능해진다.

마치 집이 단단한 기반 위에 지어져야 오래 가듯, 삶도 도덕이라는 기둥이 없으면 제대로 설 수 없다. 도덕성이 사라진 자리에 남는 건 텅 빈 무無, 즉 아무것도 형성되지 않는 혼란뿐. 그건 삶의 본질을 잃고 영혼이 악한 영향에 그대로 노출되는 위험한 상태와도 같다.

하지만 다행히, 인간은 무너진 것을 다시 일으켜 세울 수 있는 힘이 있다. 바로 '도덕성'이라는 건축가다. 도덕은 단순한 선의가 아니다. 삶의 본질이자, 형태이고, 다시 세울 수 있는 힘이다. 아무리 강한 바람이 불어도 도덕의 발판 위에 선 사람은 쉽게 흔들리지 않는다. 마치 바위처럼 단단하게, 묵묵히 자기 자리를 지킨다. 그런 사람은 결국 실패하지 않는다. 조금 늦더라도, 확실한 성공이 반드시 찾아온다. 물론, 인생에는 시험이 있다. 유혹이 있고, 시련이 있다. 그러나 그 과정에서 우리는 더 단단해지고, 더 강해지는 법을 배운다. 도덕성도 그렇게 완성된다.

세상의 모든 것이 완벽하고 정밀하게 만들어진 것처럼, 사회에서 도덕성을 시험받고 증명하는 것 역시 불변의 원칙이다. 세상에서 가장 강하고 쓰임새 좋은 철근도, 본격적으로 쓰이기 전에는 대장장이의 까다로운 테스트를 거친다. 불에도 달궈보고, 두드려보고, 제대로 힘을 견딜 수 있는지 확인하는 것이다. 우리 인생도 비슷하다. 진짜 의미 있는 성공을 이루는 사람은 어려움 속에서도 자기다운 가치를 지키고, 오히려 그 경험을 통해 더 단단해진다. 유혹에 흔들리지 않고, 시련 속에서도 중심을 잃지 않는 사람 — 그가 바로 오랫동안 신뢰받는 사람이다. 삶이라는 거대한 작업장은 그런 사람을 알아보고, 꼭 필요한 자리에 자연스럽게 쓰게 마련이다.

처음에는 도덕적으로 일하다가도 이익에 눈이 멀어 시험에 든 순간 도덕성을 버리는 사람이 있다. 이런 사람은 열을 가하면 부서지는 벽돌과 같다. 그런 벽돌은 사용할 수 없다. 그러나 인간은 벽돌이 아니다. 살아가면서 계속해서 배우는 존재이다. 그렇기에 스스로 반성하고 노력하면 다시 도덕성을 되찾을 수 있다.

도덕적 힘은 부와 성공의 생명력이자 모든 번영을 지탱하는 요소다. 하지만 성공에도 여러 형태가 있다. 어떤 성공은 빠르게 손에 쥘 수 있지만, 더 크고 깊은 성공을 이루기 위해선 한쪽에서 잠시 멈추거나, 어떤 부분에선 손해를 감수해야 할 때도 있다. 예컨대 문학, 예술, 영적 면에서 천재적 재능이 있는 사람이 돈을 벌기 위해 장사부터 한다면 어떨까? 장사에 실패하는 게 이 사람의 천재성을 계발하고, 그의 인생에 더 도움이 될 것이다.

백만장자 중에는 셰익스피어처럼 문학으로 성공하거나, 부처처럼 영적으로 성공한 것을 가질 수 있다면, 수백만 달러와 기꺼이 맞바꾸려 할 사람이 많다. 또 그것이 오히려 자신에게 이득이 된다고 생각한다. 그만큼 정신적인 성공이 부를 통해 이룬 성공보다 더 우위에 있다고 할 수 있다.

하지만 나는 이 책에서 성인이나 영적으로 수양한 사람들의 성공을 이야기하는 것보다, 보통 사람들이 이룰 수 있는 부의 번영과 성공을 말하고 싶다. 물론 돈과 관련된 이야기가 있지만, 돈에만 국한하지 않고 인간의 모든 활동에 적용할 수 있는, 번영과 행복의 다른 이름인 만족을 이끌어 내는 개인과 환경의 조화에 관한 이야기다.

이제 많은 사람이 바라는 여덟 가지 원칙이 어떻게 작용하는지, 부와 번영을 어떻게 이루는지, 그리고 그것을 지탱하는 여덟 가지 기둥이 어떻게 자리하는지 살펴보기로 하자.

부의 번영을 위한 첫 번째 법칙, 에너지

"게으름은 가난의 뿌리다."
근면함과 활력 있는 태도는 부를 창출하는 첫 번째 조건이다.
지속적으로 노력하지 않으면 번영은 오지 않는다.

에너지가 있어야 스스로 목적한 바를 이룰 수 있다. 석탄은 불로 변하고, 물은 증기로 변한다. 이처럼 에너지, 활력은 가장 평범한 능력을 활성화하고 강화하여 비범한 재능으로 탈바꿈한다. 잔잔한 사람의 마음에 활력을 만나면 그동안 무기력하게 잠자고 있던 잠재력이 불처럼 활활 타오를 것이다.

에너지는 도덕적으로 미덕이며, 반대로 게으름은 악덕으로 간주한다. 도덕성은 후천적으로 계발 가능하며, 게으른 사람도 노력하면 활기차게 바뀔 수 있다.

게으른 사람은 어려운 일을 만나면 못 하겠다고 말한다. 그러나 그때 활력이 있는 사람은 이미 그 일을 해내고 있다. 에너지가 있는 사람은 많은 사람이 아직 자고 있는 그 시간에 일어나 이미 상당한 양의 일을 해내고 있다. 나태하고 게으른 사람이 기회를 기다리는 동안에, 적극적이고 활력이 있는 사람은 기다리기보다 먼저 행동하고 기회를 만들어 낸다.

에너지는 활력으로, 일차적으로 힘을 말한다. 모든 행동을 구성하는 요소에 힘 있으며, 힘이 없다면 아무것도 할 수 없다.

우리가 살고 있는 지구, 그리고 우주는 아직 밝혀지지 않은 수많은 에너지가 존재하는 공간이다. 이러한 에너지는 생명이기 때문에, 에너지가 없다면 우주에 생명은 존재하지 못할 것이다. 사람이 죽었다는 것은 몸이 움직이지 않고, 신체의 모든 기능이 작동을 멈추었다는 것을 말한다. 그렇기에 행동하지 않는다는 것은 죽은 것과 마찬가지라는 의미다.

그래서 사람은 정신과 육체 모두 움직이도록 설계되었다. 게으름을 피우라고 태어난 것은 아니다. 사람의 몸은 움직이지 않으면 각각의 기능이 도태된다. 세상에 존재하는 모든 것은 모두 존재의 이유가 있다. 그렇기 때문에 당신이 태어난 것도 그 목적이 있고 쓰임이 있는 것이다.

그렇기에 게으른 사람에게는 부의 번영도 행복도, 휴식할 만한 집과 안락함도 없다. "게으른 사람이 가장 힘든 일을 한다"는 격언이 있다. 게으른 사람은 체계적으로 일하는 법을 배우지 않기 때문에 결국 힘들게 일할 수밖에 없다.

"뜨겁지도 차갑지도 아니한 미지근한 것은 뱉어낼 것이다." 성 요한이 말한 뜨겁고 차가운 것은 좋은 것과 나쁜 것으로 변하는 에너지의 힘을 뜻한다. 이것도 저것도 아닌 미지근한 것은 도덕적이지도 악덕하지도 않은, 그저 공허한 메마른 땅과 같다.

이기적인 사람이 자신을 위해 계획을 세우고 그것을 달성하기 위해 노력한다면, 그 나쁜 에너지로 인하여 고통과 슬픔을 끌어당길 것이다. 혹여 이러한 결과를 통해 교훈을 얻는다면 스스로 더 나은 사람이 되려고 노력하게 될 것이다.

물론 아무리 좋은 계획을 세웠다고 해도 활력, 에너지가 부족하여 실패할 수도 있다. 노력이 부족해 좋은 결과를 얻지 못한 것이다. 이런 사람들은 악하지 않고, 타인을 해하지 않다는 점에서는 그저 실패한 선한 사람으로 여겨진다.

그러나 해를 끼치려는 의지가 없다고 해서 반드시 선한 사람이라고 볼 수 없다. 그저 약하고 무기력한 사람일 뿐이다. 악을 행할 힘은 있지만, 자신의 에너지를 좋은 방향으로 사용하겠다고 생각하고 행동하는 사람이 진정으로 올바른 사람이다. 그래서 전기가 없으면 멈추는 기계처럼 에너지가 부족하면 도덕성을 지키는 것이 쉽지 않다.

에너지를 더 많이 얻는 것보다, 이미 가지고 있는 에너지를 최대한 활용하는 것이 좋다. 어떻게 사용하느냐에 따라 힘과 자유가 따른다. 에너지를 손실 없이 활용하고 싶다면, '에너지 보존 법칙'에 따라, 지혜롭게 일해야 한다.

"급할수록 돌아가라"는 격언처럼 빨리 서두르다가 오히려 시행착오를 겪을 가능성이 있다. 그래서 말만 많고 행동은 하지 않는 사람들을 조심해야 한다. 주전자에 물을 넣어 끓일 때를 생각해 보자. 물의 온도가 서서히 올라갈 때는 그다지 소음이 크지 않다가, 물이 끓기 시작해 증기가 빠져나갈 때는 시끄럽다.

깊은 강물은 잔잔하게 흐른다는 것을 기억하라. 거대한 우주는 크게 소리를 내지 않는다. 고요한 곳에 강력한 힘이 존재하는 것처럼 자신의 마음을 잘 다스리는 사람에게 큰 힘이 있다.

빈센트 반 고흐, 〈자화상〉

따라서 시끄러운 사람보다 차라리 말이 적은 사람이 낫다. 꼼꼼하게 계획을 세우고 실행에 옮기는 사람처럼, 저 멀리 있는 목표를 바라보고 그곳을 향해 곧장 가는 것이 중요하다.

또 고난이라는 적을 친구로 만들어 자신에게 유리한 방향으로 활용할 줄 알아야 한다. 나를 방해하는 적과 잘 지내는 법을 터득해야 한다. 현명한 군인처럼 모든 긴급한 상황을 예상해 두면 좋다. 미리 준비하는 사람이 목표를 향해 갈 수 있기 때문이다.

혼자 오랫동안 생각하여 판단한 것을 믿고, 어떠한 돌발 상황에도 원인과 방향을 파악할 줄 알아야 한다. 결코 놀라거나 서두르지 않아야 한다. 한결같이 뚝심을 지키며 자신의 믿음을 확신하라. 당신 스스로 다른 사람보다 본인이 더 낫다고 생각할지 몰라도, 곧 당신이 너무 서두르다가 실수하는 바람에 다른 사람이 당신을 능가했다는 것을 깨달을 수도 있다. 당신은 고요를 원한다고 말하지만, 오히려 서두르다가 다른 사람을 궁지에 몰아넣기 위해 놓은 덫에 빠졌다는 것을 알게 된다. 충동적인 행동은 그의 신중함과 적수가 되지 못하기 때문에 첫 공격부터 좌절하게 만든다.

그는 모든 면에서 무장되어 있다. 스스로 마음 수양을 통해 연마한 사람은 적수를 만나면 그 적수 스스로 무너지게 만든다. 누군가 분노를 가득 담아 그를 꾸짖는다고 치자. 그러면 조용한 사람은 나긋나긋하지만 뼈 있는 대답으로 응수해 상대방의 어리석음을 정확히 꿰뚫어 줄 것이다. 결국 불같이 화를 냈던 상대는 머쓱해져 후회의 잿더미 속으로 숨게 된다.

누군가 당신에게 친한 척하며 접근한다면, 조용하고 평화로운 사람은 차분하게 반응하여 상대를 즉시 정신이 번쩍 들게 해서 겸연쩍게 만들 것이다. 그는 어떤 상황에도 흔들리지 않듯, 누구와 마주하더라도 당황하지 않는다. 하지만 고요한 사람을 마주할 준비가 된 사람은 없다. 누구든 그런 사람 앞에 서면, 스스로의 약점이 고스란히 드러날 수밖에 없다. 고요한 사람은 무의식적으로 평온함이 몸에 배어 있으며, 단단한 내면의 힘으로 말한다.

고요는 나른하게 늘어져 생명력 없는 상태가 아니라, 에너지가 고도로 집중된 상태다. 그 이면에는 오래된 지혜와 생각의 집중이 있다. 동요하고 흥분하는 마음에서 정신은 흐트러진다. 마음이 흐트러져 있을 때는 책임감도 흐려지고, 에너지도 중심을 잃기 쉽다. 신경이 예민하고, 사소한 일에도 짜증을 내고, 감정이 자주 흔들리는 사람은 주위에 좋은 영향력을 주기 어렵다. 이런 상태에서는 사람들을 끌어당기기보다는, 무의식중에 밀어내는 기운이 생긴다. 늘 바쁘고 걱정이 많고 마음이 불안한 자신은 분명 열심히 살고 있다고 여기지만, 실은 그 노력 속에 방향이 빠져버린 경우도 많다. 그래서 결국 결과는 기대만큼 따라오지 않고, 사람들과의 거리도 점점 멀어진다.

사실 성공하는 사람은 아무 걱정 없고 평안하고 고요한 사람이다. 더 신중하고, 더 많은 일을 온전히 능숙하게 처리할 줄 알고, 더 침착하고 씩씩하다. 이것이 바로 성공하는 사람들의 비결이다. 고요한 사람은 스스로 에너지를 통제하고 사용하지만, 반대로 실패하는 사람은 에너지를 남용하거나 제대로 사용하지 못한다.

따라서 에너지는 부에 있어서 첫 번째 기둥이며, 활력이 없으면 번영은 존재할 수 없다. 에너지가 없다는 것은 역량이 없다는 것을 뜻한다. 즉 믿음직한 자부심과 독립심이 없다. 실업자 중에는 이렇게 기본 중의 기

본인 일할 때 쓸 에너지가 없어서 고용주의 눈에 들지 않는 사람들이 많다.

 길모퉁이에 보면 한 손에는 담배를 문 채, 다른 한 손은 주머니에 넣고 하루에 몇 시간이나 서성이는 사람들이 있다. 또 술집에서 맥주 한 잔 얻어 마시려고 기다리는 사람은 취업할 가능성이 희박하다. 그런 사람들은 들어오는 일자리도 마다할 가능성이 크다. 마음이 축 늘어진 채 의욕이 없는 사람들은 점점 실패의 늪에 빠져들 뿐이다.

 물론 의욕이 넘치는 사람도 일시적으로 실업이나 고통의 시기를 겪을 수도 있다. 그러나 이런 사람들이 오래도록 실업자로 남아 있지는 않을 것이다. 보통 성공하는 사람들은 스스로 일을 찾거나 자기 일을 시작해 성공한다. 그들에게 무기력하게 가만히 있는 것은 고통이다. 반대로 게으른 사람은 취업을 하고 싶은 마음이 없다. 이런 사람은 아무것도 하지 않을 때 자기 본성을 드러낸다. 이들의 주된 관심사는 '어떻게 해야 힘든 일을 안 할 수 있을 것인가'다. 아무 생각 없이 생활하는 것이 그들이 말하는 행복이다. 사장 입장에서 이런 사람들은 채용해서는 안 될 사람들이다.

부의 번영 에너지를 만드는 데 여러 자질이 포함되어 있다. 이러한 자질은 다음 네 가지로 나눌 수 있다.

- 민첩성
- 경각심
- 근면
- 성실성

에너지는 이처럼 네 가지 요소로 구성되어 있다. 이 네 가지는 어떤 역경에도 끝까지 견딜 수 있을 만큼 튼튼하게 설계되었다. 이 네 가지 모두 생명, 힘, 능력, 자기 발전에 꼭 필요하다.

'민첩성'은 소중한 특성으로, 신뢰의 밑바탕이 된다. 눈치가 빠르고 동작이 날쌘 사람, 시간을 잘 지키는 사람은 신뢰를 얻는다. 그들은 맡은 일을 묵묵히 해내며, 언제나 믿고 맡길 수 있게 믿음직한 모습으로 최선을 다한다.

민첩한 상사는 직원들에게는 활력소가 되고 일하기 싫어하는 사람들에게는 채찍이 된다. 따라서 스스로 제대로 일하기 어려워하는 사람들에게 건전한 훈육 수단이 된다. 이렇게 그들은 자신의 기량 향상과 성공을 돕는 동시에 다른 사람들의 기량 향상과 성공에도 이바지한다. 지속적으로 지각을 하거나 일에 성의를 보이지 않는 태도를 보인다면, 결국 함께 일하는 사람들에게 부담이 된다. 그런 모습을 계속 보인다면, 조직에서 자리를 지키기 어려워지는 것도 자연스러운 결과다.

민첩성과 보완 관계에 있는 신중성과 신속성은 부의 번영을 위해 도움을 준다. 대체로 사업에서 적극적인 태도는 비용을 줄이는 힘이 되고, 빠른 실행력은 이익을 만드는 힘이 된다. 미루기 좋아하는 사람 중에 사업에서 성공한 사람을 나는 아직 본 적 없다. 그런 사람 대부분 사업에 실패했다. 그래서 '경각심'이 필요하다.

'경각심'은 마음을 감시하며 모든 힘이 흐트러지지 않도록 지켜준다. 파괴적인 생각이 스며들기 전에 막아내는 탐지기 같은 역할을 한다. 또한 경각심은 모든 성공과 자유, 지혜와 가장 가깝다고 할 수 있다. 따라서 우리는 스스로 마음을 조심하지 않으면 어리석은 사람이 되기 쉽고, 어리석은 사람에게 부의 번영은 가까이 할 수 없다.

어리석은 사람은 자기 자신을 괴롭히는 지질한 생각과 요동치는 감정으로 인하여 마음을 평온하게 하는 평정심과 올바르게 결정하는 판단력을 잃게 된다. 이런 사람은 경각심이 없기 때문에 모든 악의 침입에 쉽게 마음의 문을 열어준다. 게다가 굉장히 약하고 불안정해 모든 충격에 충동을 느끼며 마음의 균형을 잃고 쉽게 불안해진다. 어리석은 사람은 많은 사람에게 폐를 끼치며, 어떤 사회에서도 존경받을 수 없다. 지혜가 힘의 절정이라면, 반대로 무지는 나약함의 극치다.

경각심이 없는 사람은 일상에서 경솔하고 대체로 느슨한 마음을 지닌 것이 특징이다. 경솔함은 어리석음의 또 다른 표현이다. 실패와 불행을 불러일으키는 원인이기도 하다.

사회 공헌과 자신의 번영을 목표로 하는 사람은 자신의 행동이 다른 사람에게 끼치는 영향과 그들의 반응을 통해 자신에게 되돌아올 영향에 무심해서는 안 된다. 일을 처음 시작할 때부터 뚜렷한 책임감이 있어야 한다. 어떤 위치에 있든(가족의 일원. 회계사, 설교자, 가게 주인, 교사, 점원, 혼자 있든 여럿이든, 일할 때든, 놀 때든) 자신의 행동이 그 일에 좋거나 나쁜 영향을 상당히 끼칠 것이다. 한 사람의 행동은 남녀노소를 불문하고 그 행동을 본 상대방에게 은근히 영향을 미쳐 특정한 인상을 남기고 그 인상은 서로에 대한 사람들의 태도를 결정하는 요소가 된다. 바로 이 이유로 어떤 사회에나 예의범절이 중요한 역할을 한다.

만약 당신이 타인에게 불안 혹은 불쾌감을 줄 수 있는 정신적 문제가 있다면, 굳이 스스로 거론하거나 알리지 않아도 당신의 태도에서 모두 드러난다. 강한 산성 물질이 막강한 강철을 부식시키듯, 정신적 부식도 당신의 모든 노력을 잠식하고 행복과 번영을 훼손할 것이다.

반면 당신이 자신감 있고 원만하며 뛰어난 인성을 지니고 있다면 주변 사람들은 왠지 모르게 당신에게 호감을 느끼고 끌린다. 훌륭한 성품은 당신의 모든 일상에서 강력한 강점이 되고, 그로 인해 새로운 사람들을 만나며 좋은 기회가 늘어날 것이며, 어떤 사업이든 성공에 큰 힘이 된다. 당신의 작은 약점을 바로잡고, 여러 단점도 충분히 보완해줄 것이다.

이렇게 세상은 우리가 준 대로 되돌려준다. 악한 마

음에는 나쁜 결과가, 선한 마음에는 선한 결과가 따른다. 잘못된 행동에는 주변의 무심한 반응과 부족한 성과가 따르기 마련이다. 반면, 올바른 행동은 꾸준한 힘과 온전한 성취로 이어진다. 세상은 우리의 행동에 늘 응답한다. 실패했을 때 남을 탓하는 사람도 있지만, 현명한 사람은 스스로를 돌아보고 잘못을 바로잡아 결국 성공을 이룬다. 경각심이 있고 조심성이 있는 사람은, 그 자체만으로도 목표를 이뤄가는 가장 든든한 힘이 된다. 스스로의 약점을 알고 경계를 늦추지 않으며 늘 준비된 사람은 어떤 상황에 부딪치더라도 크게 흔들리지 않고 중심을 잡는다.

'근면'은 기쁨과 풍요를 불러온다. 즐겁게 일하는 사람일수록 지역사회에서 가장 활기차고 행복한 구성원이 된다. 부자를 그저 돈이 많은 사람이라고 한다면, 근면한 사람이 반드시 부자인 것은 아니다. 그러나 근면한 사람들은 항상 즐거우며 스스로 하는 일에, 가진 것에 만족한다.

따라서 부자의 의미를 축복이 가득한 사람으로 수정한다면, 그들이 부자이다. 근면한 사람들은 시무룩하게 앉아 있을 시간도, 스스로 아픔이나 고뇌로 자신만의 생각에 잠길 시간도 없다.

가장 자주 쓰이는 물건이 빛나듯, 가장 활발하게 움직이는 사람은 밝고 긍정적인 에너지를 내뿜는다. 사용하지 않는 물건은 쉽게 낡고 변색되듯, 시간을 허비하는 사람도 권태로움과 무기력에 빠지기 쉽다.

"시간을 때운다"라는 말은 사실 자신의 무능함을 솔직히 인정하는 것과 다름없다. 오늘날 정보가 넘쳐나는 세상에서 짧은 인생을 살아가면서도, 냉철한 생각과 따뜻한 마음으로 매 순간을 의미 있게 보내는 사람들이 있다. 그들에게는 하루 24시간이 늘 부족할 만큼 하고 싶은 일이 많다.

근면함은 몸과 마음의 건강을 키우고, 삶의 질을 한층 높여 준다. 활기차게 하루를 보내는 사람은 밤마다 적당히 지쳐 잠자리에 들기 때문에, 깊고 달콤한 잠을 잘 수 있다. 그리고 이른 아침에는 상쾌한 기분으로 새로운 하루를 맞이하며, 힘차게 일에 몰입할 수 있다. 이런 사람들은 식욕과 소화도 좋아 건강을 유지한다. 여가 시간에는 분위기를 즐겁게 만들고, 일할 때는 힘을 북돋아 주는 역할도 자연스럽게 하게 된다.

근면한 사람들은 늘 부지런히 움직이며 삶에 집중하기 때문에 마음속에 어둠이 들어설 자리를 내어주지 않는다. 그러나 근면한 사람들과 다르게 우울하고 무기력한 감정에 휩싸인 사람들 중에는 종일 별다른 활동 없이 시간을 보내면서 식사를 과하게 하는 경우도 많다.

사회에 기꺼이 도움을 주는 사람은, 결국 그 공동체로부터 건강과 행복, 부의 번영이라는 보답을 선물로 받는다. 이들은 평범한 하루를 빛나게 만들고, 사회가 건강하게 굴러가도록 뒷받침한다.

어느 위대한 스승은 "성실함은 불멸로 가는 길이다. 성실한 사람은 죽지 않고, 방만한 사람은 이미 죽은 것과 같다"라고 말했다. '성실'은 어떤 일에 온 마음과 몸을 바쳐 있는 힘을 다하는 것을 뜻한다. 우리는 활동함으로써 살아 있는 것이다. 근면 성실한 사람들은 자기가 맡은 일에 최선을 다하지 않고서는 좀처럼 만족하지 못한다. 그래서 시간이 지나면서 자연스럽게 자기 분야에서 최고의 자리에 오르게 된다. 꾸준함과 정직함으로 쌓아 올린 실력은 결국 누구도 흉내 낼 수 없는 깊이와 무게를 가지기 때문이다.

세상에는 자기 일에 무관심하고 성의 없는 사람이

무척 많다. 게다가 그들은 형편없는 성과도 스스로 만족한다. 그렇게 지내다 보니 성실한 사람들과는 대조된다. 대충대충 살아가는 사람들은 성실하게 자신의 자리에서 힘을 다하는 사람들과 비교해 보면 늘 어딘가 허전해 보인다. 시간을 헛되이 보내면 결국 삶에도 빈틈이 생기기 마련이다.

실제로 성실한 사람은 각자 자기 영역에서 제 역할을 성공적으로 수행하고 있다. 앞으로도 그들은 그럴 것이다. 이런 사람들은 꼼꼼하고 신중하며 부지런하다. 그래서 어떤 일이든 최선을 다하기 전에는 마음 편히 쉴 줄을 모른다. 그리고 세상은 그런 사람을 그냥 지나치지 않는다. 언제나 그들의 노력과 헌신을 눈여겨보고 있다가, 물질적이든 혹은 정신적인 형태로든 꼭 보상하려 한다.

돈, 명예, 좋은 사람들과의 인연, 영향력, 기회, 그리고 진정한 행복 ― 이 모든 것은 끊임없이 자신을 갈고닦는 사람에게 자연스럽게 찾아온다. 당신이 상점의 주인이든, 누군가에게 가르침을 전하는 영적 스승이든, 자신이 가진 것을 최선을 다해 세상에 내어놓는다면 그 결실은 분명히 돌아온다. 걱정하지 않아도 된다. 당신의 성실함이 물건에 고스란히 담겨 있고, 말과 행동에 스며들어 있다면 당신의 일은 번창할 것이고, 당신이 믿는 삶의 원칙도 지켜낼 수 있다.

근면하고 성실한 사람은 일과 인격, 그 모든 면에서 빠르게 성장한다. 그들은 '멈추지 않기'에, 살아 있는 에너지 그 자체로 존재한다. 멈춰 있는 삶은 결국 죽음과 같기 때문이다. 끊임없이 배우고 발전하며 자신을 키워 나가는 사람은 그 안에 있는 생명력으로 정체도, 무기력도 뛰어넘는다.

지금까지 부의 번영을 위한 첫 번째 법칙을 살펴보았다. 이 기둥을 단단히 세운 사람은 인생에서 든든하고 오래가는 지지대를 갖게 된다. 그러니 오늘부터 삶에 활력을 불어넣고, 당신만의 지평을 더 넓혀보자. 성실함의 가치를 이해하고, 그것을 통해 진짜 성과를 이루고자 하는 마음이 있다면, 분명 더 생기 있고 만족스러운 삶이 자연스럽게 따라올 것이다.

부의 번영을 위한 두 번째 법칙, 절약

"절약은 부의 씨앗, 무분별한 소비는 부를 빼앗는 도둑이다."
소득보다 소비를 줄이는 것이 진정한 부를 만든다.
지출 관리와 자산 증식은 습관에서 비롯된다는 것을 잊지 말자.

아리스토텔레스는 "자연은 진공을 싫어한다"라고 했다. 자연에 진공이 생기면 다른 공기가 재빨리 그 부분을 채우는 것처럼, 자연엔 낭비란 있을 수 없다. 신성한 자연은 모든 것을 보존하고 좋은 목적으로 사용한다. 동물의 배설물 역시 새로운 탄생에 활용된다. 자연은 더러운 것을 제거하는 게 아니라 그것을 변형하고 정화하여 아름답게, 유용하게 선한 목적으로 이용한다.

인간의 도덕적 특성이자 보편적 자연법칙이 바로 절약이다. 인간 스스로 에너지를 보존하고 노동의 주체로서 자신의 위치를 지키는 자질을 말한다. 금전적 의미의 절약은 단지 이 원칙의 일부분이다.

절약이란 단어는 원래 정신적이었으나 물질적 형태를 뜻하는 말로 바뀌었다. 돈을 절약하는 사람은 구리를 은으로, 은을 금으로, 금을 지폐로 교환한다. 그러고 나서 다시 그 지폐를 은행 계좌에 찍힌 숫자의 돈으로 바꾼다. 돈을 더 쉽게 전달할 수 있는 형태로 바꿈으로써 금전 관리의 승자가 된다. 정신적 절약가는 걱정 대신 지혜와 도덕적 행동이 뛰어난 사람이다. 지성을 원칙으로 지식을 지혜로 발전시킨다. 그 지혜를 행동으로 표출하는 사람은 드물지만 일단 행동하면 강력한 효과를 발휘한다.

정신적 절약가는 이 모든 변형 과정을 거쳐 인격 수양과 인생 모두에서 승자가 된다. 진정한 절약은 물질적이든 정신적이든 모든 면에서 사치와 낭비, 그리고 재물을 아끼는 인색함 사이의 중간이다. 돈이든 정신이든 낭비하는 것은 힘을 앗아간다.

이와 반대로 홀로 무언가를 쌓아두고 독차지하는 것도 힘을 줄어들게 하는 행위다. 금전적으로든 정신적이든 힘을 확보하려면 일단 한곳에 모아야 하지만, 그다음에는 적절한 사용이 뒤따라야 한다. 돈도 에너지도, 그 자체가 목적이 될 수는 없다. 모으는 건 중요한 준비일 뿐, 결국은 잘 쓰기 위해서다. 그리고 진짜 힘은, 내가 가진 것을 바르게 쓸 때 생겨난다.

절약은 '돈, 음식, 옷, 오락, 휴식, 시간, 에너지' 이렇게 일곱 가지 요소에서 어느 한쪽으로도 치우치지 않는 것을 찾는 행위로 볼 수 있다. '돈'은 상품으로 교환할 수 있는 매개체이며, 재산을 축적하는 대상이다. 물질적인 부를 얻은 사람이나, 빚을 지기 싫은 사람은 수입에 따라 지출을 고민해야 한다. 갑자기 목돈이 필요할 수 있는 비상 상황에 대비해 운용 자금 중 여윳돈을 남겨 저축 금액을 확보해야 한다.

욕망을 충족시키기 위한 쾌락이나 위험한 사치는 무분별한 지출을 통해 돈을 낭비하고 힘을 파괴한다. 돈은 우리가 살아갈 수 있게 할 수 있다는 점에서 일종의 힘으로 볼 수 있다. 그렇기에 정당하고 도덕적인 소비를 해야 한다. 낭비하는 사람은 절대 부자가 될 수 없다. 태어날 때 부자였던 사람이라면 곧 가난해질 것이다.

반대로 구두쇠처럼 쓰지 않고 많은 금을 모았다고 해도 부자라고 할 수 없다. 아마도 그는 여전히 돈이 부족하다고 느끼고, 쓰지 않을 것이기 때문이다. 그렇게 모으기만 한 금은 사실상 구매력을 상실했다. 신중하게 검소한 소비를 하는 사람은 부의 번영을 향하는 길을 뚜벅뚜벅 걸어간다. 현명하게 소비하고, 꼼꼼하게 저축하는 동안 늘어난 부를 바탕으로 그들의 영향력도 더욱 커질 것이다.

부자가 되고 싶다면, 특히 가난한 사람이 부자가 되려면 밑바닥부터 시작해야 한다. 본인의 분수를 알아야 한다. 부자처럼 보이려고 하거나, 부자처럼 보이기를 바라지 말아야 한다. 오히려 가난한 사람들에게는 충분한 기회와 여지가 있다. 밑바닥에는 아무것도 없지만 위에는 모든 것이 있다. 그렇기에 아래를 시작점으로 삼는 것은 안전하다. 어리석게도 많은 젊은 사업가들이 과시하고 허풍을 떨어야 성공할 수 있다고 착각하고 행동한다. 그러다가 좌절하는 사람들이 꽤 있다. 그러나 절망으로 이끈 사람은 그 누구도 아닌 자신이다. 스스로를 기만했기에 벌어진 일이다.

누구든 겸손하고 정직하게 사는 것이 본인의 능력을 부풀려서 광고하는 것보다 더 나은 성공을 보장할 것이다. 만약 자금이 적다면 사업도 그에 맞게 작게 시작해야 한다. 창업 자금은 사업 활동을 원활하게 해주는 관계이다. 손에 낀 장갑이 딱 맞아야 하듯, 자기자본을 활용할 수 있는 역량만큼 사업을 키워갈 수 있다. 자본을 활용할 수 있는 범위가 당장은 제한적이더라도 점점 더 탄력을 받아 그 힘은 계속해서 영역을 넓히고 확장할 것이다. 다만 주의할 점은 스크루지 같은 구두쇠가 되거나 흥청망청 돈을 쓰는 낭비벽이 심한 사람같이 양극단에 이르지 않게 언제나 조심해야 한다.

'음식'은 살아 움직이게 만드는 힘이자, 생명력, 체력, 정신력의 근원이다. 다른 모든 것과 마찬가지로, 먹고 마시는 것도 중용이 필요하다. 부의 번영을 이루고 싶은 사람은 영양을 잘 섭취해야 한다. 그러나 과식은 금물이다. 마음이 인색하거나 금욕주의를 실천하느라 굶주리는 사람은 정신적 에너지를 떨어뜨리고 몸을 너무 허약하게 만든다. 그래서 어떤 커다란 성취도 이루기 어렵다. 그런 사람은 마음도 병들어서 실패하기 쉬운 여건에 놓이게 된다.

반대로 식탐이 많은 사람도 스스로 음식을 절제하기 어렵기 때문에 자신을 망가뜨린다. 짐승처럼 커다랗게 변한 몸에는 질병을 일으키고 오염시키는 독소가 늘어난다. 그렇게 될수록 정신은 점점 더 흉포해지고 마음도 혼란스러워져 결국 무능해진다. 폭식은 가장 수준이 낮은 동물에 가까운 악덕이며, 중도를 걷고자 하는 모든 사람을 불쾌하게 만드는 습관이다.

가장 성공한 사람은 식생활에서도 누구보다 절도를

지킬 줄 아는 사람이다. 절대 과식하지 않으며, 필요한 영양소를 골고루 섭취해 몸과 마음을 최대한 건강하게 유지할 줄 안다. 이렇게 절제의 미덕을 잘 아는 사람은 인생에서 투쟁이 필요할 때 활기차고 즐겁게 싸울 수 있다.

'옷'은 우리 몸을 가리면서 보호하는 역할을 한다. 그런데 그 기능에서 벗어나 간혹 쓸데없는 과시 수단으로 변질되어 사용된다. 여기서 피해야 할 두 가지는 허영과 태만이다. 우리는 살면서 복장 관습을 무시하기 어렵다. 가장 중요한 것은 깔끔한 옷차림이다. 때에 맞는 옷을 입지 않거나 매무새가 잘못되었거나 단정치 못한 사람은 주변 사람들이 등을 돌리기 쉽다.

옷은 입을 때 현재 자신의 사회적 위치와 조화를 이루고, 격식에 잘 맞아야 한다. 별로 낡지 않은 옷이라면 바로 버릴 게 아니라 제대로 입어야 한다. 만약 가난해서 낡은 옷을 입더라도 옷과 몸 전체를 깨끗하고 단정하게 유지한다면, 스스로의 자존감도 남의 존경도 지킬 수 있다.

옷에 허영심이 많고 사치하는 사람들이 있다. 내가

클로드 모네, 〈에프테 강의 포플러 나무〉

아는 한 여성은 옷장에 40여 벌의 드레스가 있다. 또 어떤 남성은 지팡이와 모자를 각각 20개씩 가지고 있으며, 10여 벌의 비옷도 있다. 또 다른 사람은 20~30켤레의 부츠를 보유했다. 부자라고 해도 이처럼 불필요한 옷과 신발에 돈을 물 쓰듯 사용한다면 가난을 불러올 것이다. 그리고 이런 행위를 낭비라고 한다. 낭비는 궁핍을 낳는다. 그렇게 경솔하게 쓴 돈은 사실, 생산적인 것에 사용될 수도 있었다.

우리 주변에는 고통받는 사람들이 많이 있다. 만약 그들에게 자비를 베풀었다면 어땠을까? 자비를 베푸는 마음은 고결하다. 그저 과시하기 위해 옷과 장신구를 눈에 띄게 사는 사람들은 저속하고 공허한 마음을 표현하는 것이다. 겸손하고 품위 있는 사람들은 수수한 옷을 선호하며 자리와 자신에게 맞는 옷을 입는다. 그리고 남은 돈으로는 교양과 미덕을 더욱 향상하는 데 현명하게 사용한다. 그들에게는 옷보다 교육과 자기 발전이 더 중요하기 때문에 문학, 예술, 과학을 중요하게 생각한다.

품위와 품격은 마음에서 우러나온다. 겉모습을 치장하고 과시하는 것은 매력을 높이는 데 그다지 도움되지 않는다. 쓸데없는 몸치장에 소비할 시간을 더욱 유익한 곳에 쓸 수 있다. 다른 것들도 마찬가지지만, 옷차림도 검소할수록 좋다. 검소한 옷차림은 유용하고 편안할 뿐 아니라 외적으로도 더 우아해 보인다. 그의 탁월한 안목과 세련된 감각이 자연스럽게 묻어난다.

'취미'도 인생을 살면서 반드시 필요하다. 인간은 삶을 꾸려나가기 위해서는 일을 해야 하고, 그 일에 상당한 시간을 할애해야 한다. 또한 주어진 한정된 시간에만 그 일에서 벗어나 취미와 휴식을 즐길 수 있다. 취미의 목적은 몸과 마음의 활력을 높여 생업에 쏟는 힘을 보충할 수 있게 하는 것이다. 때문에 취미는 목적이 아닌 수단이다. 이것을 반드시 명심해야 한다. 어떤 취미는 그 자체로 순수하고 건전한 수단임에도 워낙 재미있어서, 일보다 취미가 인생의 주목적이 되어버린 사람이 많기 때문이다.

삶에 뚜렷한 목적 없이, 단순히 오락과 쾌락을 반복하며 시간을 보내는 것은 결국 삶의 깊이를 잃게 만들고, 일상을 단조롭고 무의미하게 만든다. 지속적인 성장과 활력을 위해서는 삶의 방향성과 의미가 필요하다.

이렇게 인생을 사는 사람은 세상에서 가장 불행하며 지루함과 게으름, 그리고 짜증에 시달린다.

음식에서 양념은 음식을 먹음직스럽게 도와준다. 그러나 양념이 그 자체로 음식이 될 수 없듯, 취미가 주된 일이 되어버린 사람은 불행해진다. 인간은 하루의 임무를 다한 뒤에 자유롭고 가벼운 마음으로 취미 활동에 전념할 수 있다. 일과 취미 모두 행복의 원천이 되어야 옳다.

일과 취미, 둘 중 어느 한쪽에만 시간을 사용하는 것보다 시간과 장소에 맞게 분배하는 것이 진정한 절약이다. 이렇게 본인의 생활을 제대로 진두지휘하는 것이 부의 번영으로 가는 인생에 필수적이다. 정신노동자는 일을 잠시 내려놓고 정해진 시간 안에 기분을 전환하는 취미 생활을 즐기고 나면 더 생산적으로 일할 수 있다. 육체노동자는 취미나 자기 계발 삼아 무엇인가를 배운다면 여러모로 도움이 될 것이다.

우리가 먹고 자고 쉬는 데 모든 시간을 소비하지 않듯 운동이나 놀이에 시간을 모두 할애해서는 안 된다. 대신 취미 활동은 우리 삶에 비타민 같은 역할을 하도록 적절한 선에서 해야 한다.

'휴식'은 고된 노동 뒤 다시 자신을 충천하는 시간이다. 스스로를 소중히 대하는 사람은 매일 충분한 노동을 하고 밤에 편안하게 단잠을 잔 뒤, 상쾌하게 아침을 맞이한다. 잠은 부족한 것도, 혹은 너무 많이 자는 것도 좋지 않다. 그렇다면 잠은 얼마나 자야 할까?

일찍 자고 일찍 일어나면 피로가 완전히 풀리는 데 얼마만큼의 시간이 필요한지 파악할 수 있다. 늦게 자고 늦게 일어난다면 수면 시간을 앞당겨 보라. 수면 시간을 줄이면 처음에는 피곤할 수 있지만, 밤에 더 빠르게 깊이 잠에 들 수 있다. 그러고 나서 아침에는 더 맑고 상쾌한 기분으로 일어날 것이다.

부의 번영을 바라는 사람은 자기 일에서 먼저 성공해야 한다. 특히 부자가 되고 싶지만, 여전히 가난을 면치 못하고 있다면, 편히 살고 싶다거나 잠을 실컷 자겠다는 유혹에 빠져서는 성공하기 어렵다. 인생의 본질은 안락함에 있지 않다. 진정한 가치는 유익한 일을 통해 성장하는 데 있고, 안락함은 그 여정에 도움이 될 때 비로소 의미가 있다. 게으름과 번영은 절대로 함께할 수 없으며, 오히려 서로를 밀어낸다. 게으른 사람은 성공할 수 없고, 오히려 더 빨리 실패하고 추락하기 쉽다.

휴식은 우리가 다시 힘을 내어 일하기 위한 준비 과정일 뿐, 마음껏 게으름을 피우기 위한 시간이 아니다. 몸과 마음이 충분히 회복되었을 때, 휴식의 목적은 온전히 이뤄진 것이다. 노동과 휴식이 완벽한 균형을 이룰 때, 비로소 건강과 행복, 그리고 진정한 번영이 찾아온다.

'시간'은 모든 사람에게 평등하게 주어진다. 누구에게나 하루는 똑같이 24시간뿐이다. 그러니 소중한 시간을 헛되이 보내지 않도록 늘 신경 써야 한다. 제멋대로 행동하거나 쾌락으로 시간을 보내는 사람은 이내 자신이 늙어가는 가운데 이루어 놓은 성과는 아무것도 없음을 깨닫게 된다.

이미 써버린 돈은 다시 벌 수 있고, 잃어버린 건강도 노력하면 회복할 수 있다. 그러나 지나간 시간은 돌이킬 수 없다. 지금 이 순간을 알차게 쓰는 사람이 지혜롭게 나이 들고, 결국 번영을 이룬다.

"시간은 금이다"라는 격언이 있다. 시간은 쓰는 방식에 따라 달라진다. 시간을 어떻게 쓰느냐에 따라 건강이 될 수도, 지혜나 재능이 될 수도 있다. 그 힘을 내 것으로 만들려면, 순간순간을 놓치지 말아야 한다. 지나간 시간은 절대 다시 돌아올 수 없다. 하루 24시간을 쪼개 일, 여가, 식사, 취미 등 모든 일을 적절한 시간에 한다.

'준비'하는 시간도 중요하다. 어떤 일이든 시작 전, 잠깐이라도 마음을 가다듬는 시간이 필요하다. 그 짧은 준비가 일의 성과를 크게 바꿔놓는다.

일찍 일어나 오늘 할 일을 생각하고 계획하는 사람은 곰곰 잘 생각해 예측하는 습관이 있다. 침대에서 최대한 늑장을 부리다 아침 먹기 전에 겨우 일어나는 사람보다 자기 목표에 다가가기 위해 더 노력하고 그렇게 더 큰 성공을 거둘 것이다. 그렇게 준비하면 마음이 진정되고 맑아지며, 에너지를 한곳에 모아 더욱 강력하고 효과적인 힘으로 만들 수 있다.

부의 번영을 이루려면 아침 8시 이전을 어떻게 보내는지가 관건이다. 모든 조건이 같다면, 아침 6시에 일하는 사람은 8시까지 자는 사람보다 늘 한발 앞서 나간다. 과도한 수면은 인생이라는 경쟁에서 큰 약점이 된다. 잠꾸러기들은 일찍 일어나는 경쟁자보다 매일 두세 시간 늦게 일과를 시작한다. 동일하게 주어진 시간을 스스로의 제약 때문에 어떻게 성공할 수 있겠는가? 매일 두세 시간씩 남보다 먼저 하루를 시작하는 습관이 쌓이고 쌓이면 1년 후 성공의 결실로 나타난다. 그렇다면 20년 정도 지났을 때 두 사람 간 격차는 어떻게 될 것인가!

  시간을 절약하고 싶다면 삶에서 가지치기해야 할 것들이 많다. 스스로 생각하기에 아끼거나 간직하고 싶거나 추구하는 것 중 일부를 더 중요한 인생 목표를 위해 희생해야 한다. 일상에서 중요하지 않은 것들을 파악해 제거하는 일은 부의 번영을 위해 꼭 필요하다. 모든 위인은 이런 절약을 능숙히 해냈기 때문에 위대해질 수 있었다.
  마음과 언행에서도 가지치기를 통해 목표를 방해하는 모든 것들을 제거해야 한다. 이것도 일종의 절약이다. 어리석고 실패한 사람들은 경솔하게 말을 내뱉고 행동하며 좋은 생각, 나쁜 생각, 그 외 잡생각을 가리지 않고 자기 마음속에 들여놓는다. 진정한 절약가는 삶에서 꼭 필요한 것만 남겨도 나머지는 체로 걸러낼 줄 안다. 꼭 필요한 말과 행동만 하기 때문에 다른 사람들과의 마찰과 힘 낭비를 최소화한다. 일찍 자고 일찍 일어나는 것, 시간을 아끼는 가장 좋은 방법은 '의미 있게 쓰는 것'이다. 매 순간을 목적의식을 가지고 알찬 행동으로 채울 때 비로소 시간을 절약하게 된다. '에너지'를 절약하려면 좋은 습관을 형성해야 한다. 에너지를 무모하게 소비할 때 악이 탄생한다. 그렇기에 커다란 성공으로 이끌기에 충분한 양의 에너지가 나쁜 습관 때문에 하염없이 낭비되기도 한다.

에너지를 아끼려면, 몸과 마음 모두 절제가 필요하다. 앞에서 살펴본 여섯 가지 절약을 실천하는 것만으로도 큰 도움이 된다. 하지만 여기서 멈추지 말고, 과도한 욕심이나 무분별한 행동, 몸을 혹사시키는 습관까지도 조절해야 한다. 또한 마음을 소모시키는 감정들도 주의해야 한다. 조바심, 걱정, 분노, 불만, 질투 같은 감정은 우리를 지치게 하고 집중력을 떨어뜨려 정작 중요한 일을 할 에너지를 빼앗아 간다. 스스로를 단련하고 성장시키고 싶다면, 이런 감정들을 인식하고, 이겨내는 방법을 계속 찾아야 한다.

화가 날 때마다 감정에 휘둘리면 마음의 에너지가

줄줄 새어나간다. 하지만 그 감정을 잘 다스릴 수 있다면 정신력은 점점 단단해지고, 인격도 더 성숙해지며 일의 성과도 눈에 띄게 좋아진다. 아무리 강한 사람이라고 해도 화가 날 땐 정신력이 소진되어 약해진다. 그러므로 스스로 진정한 힘을 나타내려면 자제력이 필요하다. 마음이 고요한 사람은 화가 나 있는 사람보다 항상 앞서며, 성공과 평판에 관해서도 화난 사람을 능가한다. 누구도 나쁜 습관이나 부정적인 마음에 에너지를 낭비해도 괜찮지 않다.

작고 사소해 보여도 모든 나쁜 습관은 인생의 중요한 싸움에서 발목을 잡는 장애물이 된다. 특히 자기 마음대로 행동하는 사람일수록 그 결과나 문제가 약점으로 되돌아와 결국 스스로를 힘들게 한다. 인간은 방탕하거나 저급한 이익을 좇을 때마다 꿈을 이루는 것도, 부의 번영도 점점 멀어지게 된다.

반면에 스스로 에너지를 아끼고 인생의 중요한 목표에 집중하는 사람은 나날이 발전하며, 어떤 일이 있어도 성공과 함께 부의 번영을 맛보게 될 것이다.

절약은 단순히 돈을 아끼는 것보다 훨씬 심오하고 광범위하다. 인간의 본성은 삶의 모든 부분에 영향을 끼친다. "티끌 모아 태산"이라는 속담이 이 교훈을 잘 알려준다.

갑작스럽게 강렬한 감정이 차오르는 격정은 원시적 에너지다. 따라서 이런 감정을 함부로 쓰는 것은 바람직하지 않다. 스스로 에너지를 잘 관리하는 사람은 그 에너지를 재탄생하게 할 수 있다. 이러한 에너지를 악을 추구하는 것에 낭비한다면 돈을 낭비하는 것과 같다. 결국 나중에 큰돈을 잃게 된다. 반대로 에너지를 알맞게 쓰거나 좋은 일에 사용한다면 푼돈 같은 격정을 아껴뒀다가 선이라는 황금을 얻는다. 아주 작은 에너지부터 소중히 한다면 더 높은 목표도 저절로 성취하게 될 것이다.

튼튼하게 세운 절약의 기둥은 크게 다음 네 가지 특성으로 나눌 수 있다.

- 절제
- 효율성
- 지략
- 독창성

'절제'는 절약의 가장 핵심적인 원칙이다. 모든 일에서 극단을 피하고 균형과 중도를 지키는 것을 뜻한다. 절약은 불필요하거나 해로운 것을 삼가는 것도 포함한다. 악은 과잉에서 비롯되기 때문에, 절제와 악은 결코 함께할 수 없다. 진정한 절제를 위해서는 나쁜 마음이나 행동을 멀리해야 한다. 마치 불을 다룰 때 손을 직접 넣지 않고 안전한 거리에서 따뜻함을 느끼는 것처럼, 절제도 적당한 거리를 두는 지혜가 필요하다.

악은 손만 가까이 대도 화상을 입힐 수 있는 불과 같다. 사치는 위험하기 때문에 거들떠보지도 않는 게 상책이다. 담배, 음주, 도박 같은 악의 축은 사람들에게 질병과 불행, 실패를 준다. 건강과 행복, 성공에 도움이 된 적은 결코 단 한 번도 없다. 악한 마음을 멀리하는 사람은, 같은 재능과 기회를 가진 악을 좇는 사람보다 항상 한 발 앞서 나간다.

건강하고 행복하게 장수하는 사람들은 언제나 바른 습관을 지키며 절제된 삶을 살고 있다. 절제는 생명력의 원천을 지켜준다. 반대로 무절제는 그 소중한 에너지를 갉아먹고 만다. 특히 생각을 절제하고, 격한 감정을 다스리며 극단적인 기분이나 불필요한 상상에서 벗어나려 노력하는 사람은 더 큰 행복과 건강, 그리고 지혜까지 얻는다. 이것이 진정한 힘이자 행복한 삶이다.

'효율성'은 자신의 힘과 역량을 바르게 관리하고 보존하는 데서 시작된다. 기술이 뛰어나다는 것은 힘을 더 높은 수준으로 결집할 수 있다는 의미다. 기술은 집중된 에너지를 사용하는 것이기 때문이다. 누구나 자신이 좋아하는 일에 능숙하고 익숙한 이유는 마음이 늘 그곳에 집중되어 있기 때문이다.

기술은 생각을 창조와 행동으로 바꾸는 정신적 절약의 결과다. 기술이 없는 사람은 번영하기 어렵다. 무능할수록 자연 선택 과정을 거쳐 자연스럽게 도태된다. 저임금 노동자나 실업자가 되는 데는 이유가 있다. 자기 일을 제대로 할 수 없거나 하지 않으려는 사람을 누가 고용하겠는가? 가끔 그런 직원도 불쌍히 여겨 계속 데리고 있는 고용주도 있다. 그러나 이는 예외적이다. 사업장이나 사무실, 가정 등 모든 조직은 자선사업이 아니다. 구성원들의 협력과 효율성에 따라 성장하거나 쇠퇴하는 생산 조직이다. 새로운 기술을 익히려면 집중력과 사고력이 반드시 필요하다. 생각이 없고 무신경한 사람들은 대개 실업자가 된다. 그들은 생각과 주의력을 일깨우려 하지 않기 때문에 굉장히 단순한 일도 제대로 하지 못한다.

최근 내가 아는 한 지인은 거리의 노숙자를 고용해 창문 청소를 시켰다. 하지만 그 노숙자는 일을 하거나 제대로 된 활동을 해본지 너무 오래되어 몸도 마음도 굳어 있었고, 심지어 창문도 닦을 수 없었다. 지인은 창문을 어떻게 닦는지 알려주었지만, 노숙자는 그 간단한 지시도 따르지 못했다. 이 이야기는 아무리 단순한 일도 어느 정도 기술이 필요하다는 것을 보여준다.

특히 일을 할 때 효율성은 동료들 사이에서 한 사람의 위치를 결정짓는 중요한 요소다. 효율적으로 일하는 사람은 점점 더 능력이 발전되면서 동료들과의 격차를 더욱 벌려 나간다. 훌륭한 일꾼은 도구를 잘 다루고, 훌륭한 사람은 자기 생각을 잘 다스린다. 지혜는 기술 중에서도 최고의 형태다. 그리고 소질은 지혜의 초기 단계다. 아무리 사소한 일이라도 모든 일에는 옳은 방법이 딱 '하나' 있고, 잘못된 방법은 수천 가지가 있다.

기술은 그 하나의 올바른 길을 찾아 꿋꿋하게 걸어가는 것이다. 기술 없이 비효율적인 사람은 수천 가지의 잘못된 길을 놓고 혼란스러워한다. 그런 사람들에게 옳은 길을 알려주어도 말을 듣지 않는다. 그들은 자신들이 그 길을 가장 잘 안다고 착각하고 있다. 그러다 보니 창문을 닦거나 바닥을 쓰는 일도 배우지 못한 처지에 놓인다.

생각 없이 비효율적으로 일하는 사람이 정말 많다. 그만큼 깊은 심상으로 효율적으로 일하는 사람들에게는 기회가 많다는 뜻이다. 고용주는 최고의 실력을 갖춘 일꾼을 구하기가 얼마나 어려운지 안다. 훌륭한 일꾼은 도구로든 자기 머리로든, 언변으로든 항상 자기 기술을 잘 발휘할 수 있는 자리를 찾아간다.

'지략'은 효율성에서 비롯되는 결과이자 번영의 핵심 요소다. 지략이 풍부한 사람은 쉽게 당황하지 않고, 실패해도 금세 일어나 흔들림 없이 상황을 헤쳐 나간다. 지략의 근본 원리는 바로 '에너지 보존'에 있다. 즉 에너지는 일정하게 유지되기 때문에 어떤 것에 집중하느냐에 달렸다. 스스로 에너지를 좀먹게 한 정신적, 육체적 악덕을 끊는다면 그 에너지는 어떻게 될까? 생산적인 에너지로 변할 것이다. 그런 다음 유익한 생각의 형태로 다시 나타난다.

 선한 사람은 어떤 일이나 문제든지 명철하게 포착하고 분석, 평가하여 해결 대책을 능숙하게 세우는 지혜와 계략이 뛰어나다. 그래서 악한 사람보다 항상 더 크게 성공한다. 그의 온 정신은 살아 숨 쉬고 활력이 넘치며 에너지가 풍부하게 비축되어 있다.

 악한 과거에서 철저히 거리를 둔 사람에게는, 가슴 뛰는 목표와 순수한 기쁨으로 가득찬 새로운 인생이 열린다. 자신의 지략을 발휘해 흔들림 없이 자리를 지킬 수 있다.

 열매를 맺지 못하는 씨앗이 썩어 사라지듯, 아무리 노력해도 결실 없는 마음은 인생의 경쟁에서 뒤처지기 마련이다. 그러나 인간 사회는 선함을 향해 열려 있기 때문에, 악이 만든 공허함은 설 자리가 없다. 다행히 마음만 먹으면 누구나 다시 일어나 열매를 맺을 수 있다. 존재의 본질과 진보의 법칙에 따라, 악을 따르는 사람은 결국 실패할 수밖에 없다.

 다행히 실패한 뒤에도 재기할 기회는 얼마든지 있다. 악을 덕으로 바꾸고 자신만의 지략을 바탕으로 당당하고 확고하게 일어설 수 있다. 지략이 풍부한 사람은 언제나 앞서 나간다. 새로운 것을 발명하고 발견하며, 늘 발전의 흐름을 놓치지 않기 때문에 쉽게 무너지지 않는다. 그들은 늘 새로운 계획, 더 나은 방법, 그리고 희망으로 가득 차 있다. 그러므로 그들의 삶도 남들보다 훨씬 충만하고 풍요롭다. 게다가 마음 역시 유연하다.

자신의 일이나 방식을 끊임없이 개선하지 않는 사람은 결국 발전의 흐름에서 밀려나 실패의 길로 접어들게 된다. 그렇게 되면 마음은 점점 굳어지고 둔해져, 빠르게 판단하고 움직이는 사람들을 따라가지 못한다. 반면, 지략이 풍부한 사람은 마르지 않는 강과 같다. 메마른 상황에서도 활력을 불어넣고, 새로운 가능성을 만들어낸다. 이들은 늘 새로운 아이디어를 떠올릴 줄 알며, 남들이 멈춰 서 있을 때도 앞으로 나아가며 성공을 이어간다.

'독창성'은 지혜와 계략이 무르익어 완성된 것이다. 독창성 있는 사람들 중 천재가 탄생한다. 천재는 이 세상의 빛이다. 사람은 어떤 일을 하든 그 일을 하기 위해 자기가 가진 자원에 의존해야 한다. 다른 사람에게 배우는 것도 좋지만 무작정 따라 해서는 안 된다. 스스로 자신만의 것을 만드는 일에 전념해야 한다. 독창적인 사람은 세상의 주목을 받는다. 처음에는 무시하는 사람들이 많을 수 있지만, 언젠가는 세상에 귀감이 될 정도로 인정받게 될 것이다. 한 번 독창성으로 인정받은 사람은 그 분야의 지식과 기술에서 리더가 된다.

하지만 독창성은 억지로 만들어지는 것이 아니라, 열심히 갈고닦아야 하는 것이다. 스스로 정신력을 완전하고 올바르게 사용해 기술의 수준을 점점 더 최고의 경지로 끌어올리는 과정에서 발전한다.

자기 일에 헌신하고 그 일에 모든 에너지를 쏟아부어야 한다. 그러면 세상이 인정하는 최고가 될 날이 언젠가는 올 것이다. 그렇게 고된 노력 끝에 "나는 이제 곧 천재가 될 거야!"라고 외쳤던 프랑스의 오노레 드 발자크 작가처럼 독보적인 위인들의 무리에 합류해 인류를 더 새롭고, 더 높고, 더 유익한 길로 이끌 수 있다는 기쁜 사실을 발견하게 될 것이다.

4장

부의 번영을 위한 세 번째 법칙, 정직

정직은 신뢰를 부르고, 신뢰는 부를 부른다.
정직한 사람은 비즈니스와 인간관계에서 성공한다.
정직은 돈을 버는 기술이라기보다, 돈이 따르게 하는 인격 자산이다!

누구나 원하는 부의 번영은 아무나 쉽게 얻을 수 없다. 지식을 얻기 위한 노력뿐만 아니라 도덕적인 힘도 있어야 가질 수 있다. 거품이 곧 사라지듯 속임수로는 성공할 수 없다. 사기꾼은 돈을 벌기 위해 해서는 안 되는 행동을 일삼다가 결국 넘어진다. 사기로는 아무것도 얻을 수 없고, 얻어서도 안 된다. 만약 사기로 얻은 것들이 있다면 더 많은 이자를 붙여 되돌려주어야 한다.

사기는 악독한 사기꾼만의 전유물이 아니다. 정당한 대가 없이 돈을 얻거나, 얻으려고 노력하는 모든 사람은 스스로 알든 모르든 사기를 저지르고 있다. 일하지 않고도 돈을 벌 궁리에 여념이 없는 사람들도 사실 사기꾼이다. 그들은 정신적으로 도둑이나 사기꾼과 별 차이가 없다. 조만간 그는 스스로 만들어낸 어두운 기운에 휘말려, 결국 가진 돈마저 잃게 될 것이다.

고용주의 돈을 낭비하는 사람은 남의 돈을 빼앗는

도둑과 같다. 정당한 대가를 주지 않고 불법적으로 소유하는 사람이 도둑이 아니라면 무엇일까?

  부의 번영을 추구하는 사람은 물질적이든 정신적이든 모든 거래에서 자신이 받은 것에 정당한 대가를 치를 줄 알아야 한다. 이는 모든 건전한 상업 활동에서 가장 기본이다. 또한 정신적인 영역에서 다른 사람에게 대접받고 싶다면 다른 사람을 그렇게 대하면 된다. 이것을 우주의 힘에 적용하면 과학적으로 "작용하는 힘과 반작용하는 힘의 크기는 같다"라고 정리할 수 있다.

  인간 사회는 한쪽의 일방적 이익이 아니라, 서로 협력하며 함께 성장하는 구조 위에 서 있다. 다른 사람을 희생시키며 이득을 챙기려는 사람은 결국 번영의 길에서 멀어지고, 실패의 늪에 발이 묶이게 된다. 이런 사람은 정직하게 살아가는 이들과 겨루기에는 이미 한참 뒤처졌다. 적자생존 법칙상 강한 자는 항상 살아남지만, 정직하지 못한 사람은 약하기 때문에 경쟁을 지속할 수 없다. 당장 정신을 차리지 않으면 결국 지저분한 헛간 혹은 추방된 자들의 소굴에 남겨진 자신을 발견할 것이 틀림없다. 부정직한 사람은 노력하지 않고 꼼수를 부린다. 그러다 마침내 자멸한다.

기독교인 대부분 마호메트를 사기꾼으로 대하자, 토머스 칼라일Thomas Carlyle은 "사기꾼이 벽돌집 하나를 제대로 지을 수 없다면, 종교를 세우는 건 더더욱 불가능하지 않을까?" 정직하지 못한 사람은 제대로 된 도구도 재료도 없기 때문에, 집은커녕 그 어떤 것도 제대로 세울 수 없다. 사기나 거짓, 속임수로는 종교는 물론이고, 사업이나 인성, 직업, 성공 같은 인생의 기반조차 바로 세울 수 없다. 더 큰 문제는 그들이 아무것도 만들지 못할 뿐만 아니라, 남이 힘들게 쌓아 올린 것을 무너뜨리는 데 열중한다는 것이다.

스스로 세운 것이 없으므로 자기 자신을 훼손한다. 도덕적으로 부족한 사람은 에너지를 활용하는 데 절제하기 힘들다. 도덕성이 뒷받침되는 사람에게는 에너지와 절제의 힘이 크게 강화될 것이다. 인생에서 도덕과 윤리는 매우 중요하다. 도덕적으로 결함이 없는 사람은 어디서든 두각을 나타낼 것이고, 어떤 거래에서든 상대방에게 믿음을 줄 것이다.

이러한 사람은 확고한 사물의 법칙, 즉 인간 사회의 기초가 되는 기본 원칙은 드넓은 우주를 하나로 아우르는 법칙에도 똑같이 부합한다. 어느 누가 우주의 법칙을 무시할 수 있을까? 마르지 않는 샘물에 뿌리를 내리는 나무는 튼튼하기 때문에 어떤 폭풍우에도 흔들리지 않는다.

강한 사람이 되려면 완전함이 몸 전체에 배어들어 삶의 모든 구석구석까지 스며들어야 한다. 또한 타협하고 싶은 욕구를 모두 이겨낼 만큼 강력하고 철저한 의지가 필요하다. 한 가지라도 원칙을 지키지 않는다면 원칙 전체를 지키지 않은 것이나 마찬가지다. 아무리 사소한 타협일지라도 압박감을 이기지 못해 부정과 타협한다면, 정직이라는 방패를 던져 내고 악의 공격에 무방비로 당하게 되는 셈이다.

사장이 있을 때나 없을 때나 한결같이 성실하게 열심히 일하는 사람은 오래 걸리지 않아 출세하게 될 것이다. 반면에 사장이 보이지 않는다고 기다렸다는 듯이 설렁설렁한다면, 얼마 가지 않아 실업이라는 척박한 곳으로 내몰릴 것이다. 그러고 나서 새로운 직장을 구하려고 노력한다고 해도 쉽지 않을 것이다.

또한 완전함의 원칙에 깊이 뿌리내리지 않은 사람은 부의 성공과 번영을 위해서라면 거짓말이나 부정한 짓의 유혹에 빠질 때가 올 것이다. 반면, 완전함의 중요성을 확고히 깨달은 사람은 어떤 상황에서도 거짓말과 부정행위가 전혀 필요하지 않다는 것을 알기에 어떤 유혹에 이끌릴 리도 없고 그럴 필요도 없다.

만약 어떤 유혹을 받아 혼란스럽고 망설여진다면, 마음 깊은 곳에서 흔들리는 것이다. 그렇기에 거짓을 뿌리칠 수 있어야 한다. 부정과 타협하기보다 기꺼이 손실과 고통을 감수하겠다는 신념으로 굳건히 원칙을 고수해야 한다. 그렇게 해야만 이 도덕적 원칙의 참뜻을 깨닫고 무결함이 손실과 고통이 아니라 부의 번영이라는 진리를 발견할 수 있다. 정직하면 손해를 본다는 것은 성립되지 않는다.

삶의 어떤 영역에서든 깨달음을 얻으려면 거짓이 아니라 기꺼이 희생해야 할 의지가 필요하다. 장사할 때 거짓을 일삼는 사람은, 오늘날 치열한 경쟁에서 정직하게 성공할 수 있는 사람은 아무도 없다고 할 것이다. 이런 사람은 한 번도 정직하게 살아본 적이 없기 때문에 정직하게 성공할 수 있다는 것이 사실인지 알 수 없다. 무지하고 거짓된 사람은 모든 사람이 자기처럼 무지하고 거짓되었다고 맹목적으로 착각한다. 내가 아는 장사치 중에도 그런 사람들이 있었는데, 그들은 결국 거짓

줄리어스 르블랑 스튜어트, 〈마운트뱅크〉

과 속임수로 인하여 스스로 몰락을 자초했고, 나는 그 과정을 지켜보기도 했다. 어떤 사업가가 "사업가라면 그 누구도 완전히 정직할 순 없다. 잘해야 거의 정직한 축에 속하는 사람 정도만 있다"라고 하는 말을 들은 적이 있다. 그는 본인이 진실로 장사의 실상을 드러낸다고 믿었다. 하지만 그건 사실이 아니었다. 스스로 본인의 처지를 드러낼 뿐이었다. 그는 그저 청중을 향해 자신이 거짓말쟁이라고 자백한 셈이었지만 도덕적으로 무지한 탓에 이조차도 스스로 인지하지 못했다. 거의 정직한 축에 속한다는 것은 부정직함을 달리 표현한 것에 불과하다.

올바른 길에서 조금이라도 벗어난 사람은, 결국 더 멀리 잘못된 방향으로 나아가게 된다. 시간문제일 뿐이다. 이런 사람은 정의에 대한 확고한 기준 없이, 오직 자신의 이익만 따른다. 스스로 "나는 악의도 없고, 다른 사람들보다 낫다"고 생각할지 몰라도, 사실 그것은 도덕적 원칙에 대한 무지에서 비롯된 자기기만일 뿐이다.

인생의 다양한 관계와 거래에서 서로 간에 올바르게 행동하는 것이 바로 온전함의 핵심 정신이다. 정직도 이 안에 포함되지만, 온전함은 그 이상을 의미한다. 온전함은 단순한 진실함이 아니라, 모든 인간관계에서 일관된 도덕성과 책임감을 말한다. 온전함이 없다면 사람들 사이에는 신뢰도, 확신도 없을 테고 사업 세계는 무너질 것이다. 거짓말을 입에 달고 사는 사람은 다른 사람도 모두 거짓말쟁이로 여기고, 늘 의심하며 대한다. 반면, 정직한 사람은 남을 있는 그대로 받아들이고 쉽게 의심하지 않는다. 그는 먼저 신뢰를 주고, 그 신뢰는 자연스럽게 되돌아온다. 그의 맑은 눈빛과 따뜻한 태도 앞에서는, 심지어 사기를 치려던 사람조차 마음이 약해져 그런 생각을 접게 된다. 이에 대해 랩프 왈도 에머슨은 다음과 같이 말했다.

"다른 사람을 신뢰하면 상대방도 예외를 두고라도 당신을 진실하게 대할 것이다."

신뢰는 일방적인 것이 아니라, 상호작용을 통해 증폭되는 것이다. 정직한 사람은 그 존재 자체로 주변 사람들에게 도덕적인 사람이 되라고 명령하는 효과가 있어서 주변인들도 덩달아 개과천선하게 한다. 사람은 서로에게 큰 영향을 주고받으며 살아간다. 그리고 선은 악보다 훨씬 더 강한 힘을 가지고 있기 때문에, 강인하면서도 선한 사람이 약하고 부정적인 사람과 마주하게 되면, 그들의 마음에 반성과 변화의 불씨를 일으키고 의식을 한 단계 끌어올려 준다.

온전한 사람에게는 무의식적으로 다른 사람들의 경외감과 영감을 불러일으키는 위대한 면이 있다. 온전한 사람은 하찮고 거짓된 악을 딛고 스스로를 더 높은 수준으로 끌어올린다. 그러면 악은 그 앞에서 당황하고 주춤거리며 슬그머니 물러난다. 아무리 똑똑하고 지식이 많아도, 이런 고결한 도덕적 품격 앞에서는 빛을 잃기 마련이다. 온전한 사람은 사람들의 기억과 세간의 평에서 천재보다 더 높은 위치를 차지한다. 버크민스터 풀러Budoninster Fuller는 "어떤 상황에서도 온전함을 지키는 사람의 도덕성은 세상에서 가장 숭고한 것"이라고 말했다. 인간에게는 영웅을 탄생시키는 기질이 있다. 흔들림 없이 충직한 사람은 분명 영웅이다.

영웅은 언제나 영원한 행복을 누린다. 천재 중에는 불행한 사람이 많을지 몰라도, 온전한 사람 중에는 불행한 사람이 없다. 온전한 사람의 올곧은 마음에 내재한 영원한 만족은 질병이나 재난, 죽음도 빼앗을 수 없다.

정직한 사람은 다음 연속 4단계의 과정을 거쳐 부의 번영이 있는 길로 들어간다.

- ▶ 1단계: 정직한 사람은 다른 사람들에게 믿음직한 인상을 준다.
- ▶ 2단계: 다른 사람들은 그의 믿음직한 행동을 통해 그를 신뢰하기 시작한다.
- ▶ 3단계: 이 신뢰는 절대 깨지지 않으며 좋은 평판을 얻는다.
- ▶ 4단계: 좋은 평판이 점점 더 널리 퍼져 마침내 성공한다.

거짓은 정직과는 전혀 다른 효과를 낳는다. 다른 사람들의 신뢰를 무너뜨려 의심과 불신을 사고 나쁜 평판을 얻어 결국 실패에 이른다. 정직의 기둥은 다음 네 가지 강력한 요소로 구성된다.

- 솔직함
- 용기
- 목적의식
- 불굴의 의지

정직은 성공으로 가는 가장 확실한 길이다. 반대로 부정직한 사람에게는 결국 뼈아픈 후회와 고통의 시간이 찾아온다. 그때가 되어서야 비로소 자신의 선택을 뉘우치게 된다. 그러나 정직했던 일에 대해서는 결코 뉘우칠 필요가 없다. 만약 정직한 사람이 에너지나 절약, 체계 같은 다른 요소가 부족해 실패하더라도, 부정직한 사람과는 다르다. 그는 한 번도 남을 속인 적 없다는 사실만으로도 스스로를 떳떳하게 여긴다. 아무리 어려운 상황에서도 양심에 부끄럽지 않게 행동했기에 마음은 늘 편안하다.

반면, 무지한 사람들은 부자가 되려면 거짓도 필요하다고 믿는다. 그래서 실제로 거짓말을 하며 산다. 하지만 그런 사람은 도덕적 시야가 좁기 때문에 진정한 번영의 길을 보지 못한다. 거짓된 사람들은 단기적인 이득에 집착해, 그 순간은 성공한 것처럼 보일 수 있지만 끝내 자신의 신뢰와 평판, 그리고 인격까지 갉아먹게 된다.

거짓으로 번 돈은 결국 이자까지 쳐서 되갚게 되는 날이 온다. 도덕에도 중력처럼 확실한 법칙이 있어서, 그걸 어긴 사람은 반드시 제자리로 되돌아올 수밖에 없다. 그 누구도 예외는 없다.

직원들에게 고객을 속이라고 지시하는 사장은 표면적으로 사업이 잘 되는 것처럼 보일 수도 있다. 하지만 그 안은 이미 불신, 경멸, 혐오로 가득하다. 말을 잘 듣는 직원들조차 속으로는 '나도 나지만, 이 사장 정말 못 됐다' 하며 마음속으로는 사장과 더 멀어질 것이다. 이런 분위기에서 건강한 성장은 불가능하다. 겉으로는 멀쩡해 보여도, 이미 내부는 무너지고 있기 때문이다. 몰락은 조용히, 하지만 정확하게 시작되고 있다.

정직한 사람도 실패할 수 있다. 하지만 그 실패는 절대 정직 때문이 아니다. 그는 스스로 자기 기준을 지키며 실패했기에, 부끄럽지 않고 자기 인격도 명성도 그대로 지켜냈다. 실패는 단지 "지금 가고 있는 길이, 내 재능과 조금 어긋났다는 신호"일 뿐이다. 이건 끝이 아니라, 더 나에게 맞는 방향으로 가기 위한 전환점이다. 때론 넘어져 봐야 진짜 가야 할 길을 찾게 될 때도 있다.

진짜 용기는 정직에서 나온다. 정직한 사람은 누구를 만나도 눈을 피하지 않는다. 그의 눈에는 맑음이 있고, 말에는 단단한 진심이 담겨 있다. 정직한 사람은 상대를 똑바로 바라보고 말한다. 애써 포장하지 않아도, 사람들은 그를 믿게 된다. 왜냐하면 진심은 말보다 먼저 눈빛에서 전해지기 때문이다.

반면 거짓을 숨기는 사람은 고개를 숙이고, 눈을 피하고, 말이 자꾸 빙빙 돈다. 그의 말은 마음에 닿지 않는다.

자기 할 일을 묵묵히 해내는 사람은 두려울 게 없다. 그가 만드는 관계는 늘 안정적이고 믿을 만하다. 어려운 시기가 와서 빚을 지게 되더라도, 사람들은 그를 기꺼이 기다려준다.

"저 사람은 반드시 갚을 거야!" 하는 믿음을 갖고 있기 때문이다. 그는 빚을 갚기 위해 더 열심히, 더 성실하게 움직이며 최선을 다한다.

반면 부정직한 사람은 항상 걱정이 많다. 그들은 빚보다, 그 빚을 갚아야 한다는 사실을 무서워한다. 사람들과 눈을 마주치기 두렵고, 어느 순간 들통날까 봐, 매일이 긴장의 연속이다. 스스로 한 선택이 언젠가 돌아올까 두려워하며 살아간다. 그 마음은 늘 무겁고, 어깨는 구부정하다.

하지만 정직은 다르다. 그는 마음이 가볍고, 허리를 펴고 세상을 바라본다. 숨을 이유도 움츠릴 이유도 없다. 자기 본연의 모습에 충실하다. 그는 누구도 속이지 않으니, 누구도 무섭지 않다. 그런 사람은 어떤 상황에서도 눈을 피하지 않고, 정면으로 마주선다. 그 용기는 세상을 살아가는 가장 든든한 보호막이 되어주고, 결국 누구도 빼앗을 수 없는 성공으로 이어진다.

온전한 사람은 마음이 단단하다. 그 단단한 마음은 흔들리지 않는 목적의식을 낳는다. 그는 "뭐, 괜찮겠지. 결국 되겠지" 같은 막연한 추측에 기대지 않는다. 분명한 방향과 정직한 기준, 그리고 도덕성으로 빚어진 계획을 갖고 있다.

온전한 사람의 성과는 늘 그의 인격을 고스란히 담고 있다. 깊이 고민하고, 멀리 내다보며, 원칙을 놓치지 않기 때문에 큰 실수나 딜레마에도 휘둘리지 않는다. 편한 길보다는 올바른 길을 선택하기 때문이다. 또한 그는 '숲 전체'를 보면서도, '세부적인 나무 한 그루'도 놓치지 않는다. 그래서 남들보다 더 정확하게, 그리고 더 멀리 간다.

편리한 선택은 순간의 이익만 남긴다. 하지만 도덕적인 선택은 마음 깊은 곳까지 영향을 준다. 그게 바로 오래가고, 흔들리지 않는 성공의 비결이다.

무결한 사람은 단순하고 명쾌하다. 그는 구불그불 돌아가지 않고, 실패에 대한 불안도 없이 곧은 길로 목적을 향해 나아간다.

"강한 사람은 언제나 명확한 목적을 가지고 있다!"

그리고 그 목적은 자신의 가치와 도덕에 깊이 뿌리내리고 있다. 이런 사람은 빈틈이 없고, 신뢰감이 넘친다. 그래서 사람들은 그에게 자연스럽게 존경과 감탄을 보내고, 그는 그 마음들을 모아 결국 '성공'이라는 결과를 자기 편으로 끌어당긴다.

불굴의 의지, 이건 단순한 끈기나 근성 그 이상이다. 정말 순수하고, 완전히 무결한 사람만이 갖는 강력한 보호막이다. 온전함의 원칙을 단 한 순간도, 사소한 일에서도 무너지지 않게 지킨다면 누가 뭐라고 해도 흔들리지 않는다.

비방, 헛소문, 뒷담화 등등 모두 그 앞에선 힘을 잃는다. 왜냐하면 그런 공격은 허점이 있는 사람에게만 통하기 때문이다.

"마음이 완전히 무결한 사람에겐 아킬레스건이 존재하지 않는다."

아무리 똑똑하고 재능이 있어도 마음의 평화와 힘은 도덕적 원칙에서만 비롯된다. 이 힘을 갖춘 사람은 비바람이 불어도 쓰러지지 않는다. 그는 반대와 탄압을 넘어, 스스로 길을 꿋꿋이 걷는다. 결국 그렇게 진정한 성공에 도달하는 것이다.

지금까지 '정직'이라는 강하고 흔들림 없는 기둥을 따라 걸었다. 이 기둥은 사람의 속이 꽉 차고, 마음이 곧게 서 있을 때 자연스레 세워지는 것이다. 그 어떤 비바람에도 무너지지 않는 삶의 신전을 짓고 싶다면, 기초부터 정직하고 단단한 돌을 쌓아야 한다. 그렇게 쌓은 삶은 썩지 않고, 부서지지 않고, 결국 찬란한 번영으로 이어진다.

부의 번영을 위한 네 번째 법칙, 체계

무질서한 삶에는 부가 흘러들지 않는다.
시간, 돈, 일상의 관리 능력이 성공의 필수 요소다.
결국 자기관리와 습관이 곧 재정적 안정으로 연결된다.

세상은 생각보다 훨씬 정밀하게 짜여 있다. 자연에는 혼돈이 없다. 모든 별이, 물방울이, 바람 한 줄기까지도 자기 자리를 알고 움직인다. 만약 자연 질서가 깨지면 어떻게 될까? 세상은 무너질 것이다. 인간 사회도 똑같다.

혼란 속에서 번영할 수 없다. 계획이나 조직 없이 즉흥적인 시도들만으로는 지속 가능한 성공을 만들 수 없다. 기업, 팀, 커뮤니티, 내 삶까지 그 어떤 것도 체계가 없으면 단단해질 수 없다.

성공하는 사람들은, 하루를 시작하기 전에 일정을 정리하고, 우선순위를 세우고, 작은 것부터 딱딱 맞춰 나간다. 이건 단순한 성격 차이가 아니다. 질서는 선택이다. 성공을 위해 먼저 다듬는 인생의 방향성이다.

"나는 중요한 일만 신경 쓸 거야!"라고 산만한 사람들이 흔히 말한다. 하지만 실패는 사소한 것에서부터 시작한다. 필요한 물건이나 자료 등등 매번 찾아 헤매다 보면 하루가 그냥 날아갈 때가 있다. 짜증은 덤이고, 집중력은 산산조각이 난다. 이런 일들이 쌓이면 정작 중요한 일에 집중할 수가 없다.

혼란은 우리 안의 에너지와 정신을 조용히 갉아먹는다. 반대로 정돈된 공간과 일정은 마음까지 정리해준다. 작은 습관이 큰 성공을 준비하게 해준다.

질서가 잡힌 사람들은 물건을 찾느라 시간을 낭비하지 않는다. 어둠 속에서도 손만 뻗으면 필요한 게 척 하고 닿는다. '마음의 평정'을 만드는 습관이다.

산만한 사람은 자기 실수에 짜증을 내고, 남 탓도 한다. 그러나 체계적인 사람은 여유가 있다. 냉정하고 신중하다. 그 에너지를 불평 대신 진짜 중요한 일에 쓴다. 그래서 체계가 잡힌 사람들은 같은 시간에 더 많은 일을 해낸다. 지치지도 않고 효율도 최고다. 산만한 사람들이 아직 준비 중일 때 이들은 이미 성공하고 있다.

모든 위대한 건, 작고 정돈된 질서에서 시작된다. 사업도 마찬가지다. 마치 성실한 약속처럼 체계가 전부다. 그런데 체계란 건 단순한 정리가 아니다. 사업에서 체계는 거의 '운명'을 결정짓는다. 작은 실수 하나가 돈,

시간, 신뢰를 무너뜨릴 수 있기 때문에 체계 없이 오래가는 일은 없다.

정돈된 사람은 시간도 돈도 감정도 낭비하지 않는다. 재정도 마찬가지다. 체계적이지 않으면 돈은 조용히 새어나간다. 잘 쌓아둔 성도 한순간에 무너진다.

수천 개 부품이 조용히 하나처럼 작동하는 건 몇 가지 원칙이 모든 부품을 정확하게 연결해주기 때문이다. 그게 체계의 힘이다. 과학이야말로 정리의 예술이다. 현미경 속 미생물부터 망원경 너머 은하까지 수많은 것들이 단 몇 분 만에 이름 붙여지고 분류되는 이유는 모든 지식이 체계적으로 정리되어 있기 때문이다. 그 덕분에 우리는 더 빠르게 배우고, 더 효율적으로 삶을 설계할 수 있다.

정치, 종교, 교육, 산업, 예술… 인류의 모든 진보는 체계를 기반으로 성장해왔다. 혼돈 속에서도 길을 찾게 해주는 나침반, 그게 바로 질서이고 체계다.

체계는 '나'를 지켜주고, '우리'를 만들어준다. 사업에서도 정치에서도, 과학이나 종교에서도 우리는 언제나 서로 달랐고, 때론 충돌했다. 하지만 체계는 그 다름을 부드럽게 이어주는 다리다.

폴 피셔, 〈코펜하겐의 활기찬 아마게르 광장〉

 규칙이 없다면 우리는 늘 싸우거나, 부서지기 쉬웠을 것이다. 체계가 있다는 건 누군가를 억누르기 위해서가 아니라, 모두가 자유로울 수 있는 최소한의 틀을 만든다는 뜻이다. 누군가는 그 질서를 만들고, 지키려고 애쓴다.

 모두가 그걸 소중히 여기는 건 아니지만, 질서를 무시하고 자기 편한 대로만 살고 싶은 사람이 많을수록, 반대로 누군가는 그 틀을 세우고, 기준을 만들고, 혼돈 속에서도 방향을 잡아줘야 한다. 그런 사람이 있기에 세상은 엉망이 되지 않고, 오늘도 무사히 돌아가고 있는 것이다.

 우리는 모두 유한한 시간 속에서 배우고, 일하고, 사랑하고, 살아간다.

 그런데 삶이 복잡하고 어지러운 혼란에 발목 잡히면, 정작 중요한 것들을 향해 제대로 나아가지 못한다. 그래서 '체계'는 단순한 정리나 정돈이 아니다.

 그건 삶이 더는 헤매지 않도록, 망설임

없이 앞으로 나아가기 위한 기술이다.

어느 날 친구가 말했다.

"우리 회사는 내가 1년쯤 자리를 비워도 문제없어."
그 말이 인상 깊었다. 체계란 바로 그런 거다. 누군가 잠깐 비워도, 또 누군가 새로 들어와도 흐름이 끊기지 않는 보이지 않는 안내서.

실제로 그 친구는 종종 긴 여행을 떠난다. 몇 달 동안 자리를 비워도, 회사는 여전히 제자리에서 잘 돌아간다. 사람도, 기계도, 시간도 — 모두 처음 설정한 질서 안에서 각자의 일을 알아서 해낸다. 돌아왔을 때는 오히려 더 정돈된 모습으로, 마치 그의 부재가 무색하리만큼 회사는 부드럽게 흐르고 있었다.

이게 바로 체계의 힘 아닐까? 성공은 그렇게 '보이지 않는 구조' 위에 서 있는 것이다.

체계를 귀찮아하는 사람, 주의력 없이 이리저리 흔들리는 사람은 어쩌면 마음 깊은 곳에서 '성공'이라는 책임 자체를 불편해하는지도 모른다. 그들은 체계 하나만 있었어도 얼마든지 피할 수 있었던 골칫거리 속에서 매일같이 허덕인다. 피로, 혼란, 불안, 걱정.

인생이 고달프고 바쁜 이유는, 할 일이 많아서가 아

니라 '마음의 정리'가 안 됐기 때문이다.

체계를 갖춘 사람은 다르다. 그들은 하루하루를 정리된 마음의 훈련장으로 바꾼다. 훈련되지 않은 달리기 선수가 아무리 열정이 있어도 레이스에서 뒤처지듯, 마음이 정돈되지 않은 사람은 삶이라는 긴 마라톤에서 자꾸 주저앉게 된다.

반면, 체계적인 사람은 가볍고 즐거운 걸음으로 목표를 향해 걷는다. 매일 한 걸음씩, 그러나 확실하고 정확하게. 그의 발걸음엔 실력과 훈련이 깃들어 있다. 그래서 경쟁자보다 빠르고, 무엇보다 오래 간다.

체계를 구성하는 네 가지 핵심 요소는 다음과 같다.
- 준비성: 모든 상황에 대비한 준비와 계획
- 정확성: 오차 없이 일관된 판단과 실행
- 유용성: 실제 상황에서 즉각적으로 도움이 되는 실용성
- 포괄성: 전체를 아우르는 시야와 모든 요소를 포함하는 통합력

'준비성'은 단순한 사전 대비가 아니다. 그것은 상황을 즉시 파악하고 처리할 수 있는 각성된 상태, 곧 약동하는 생명력을 말한다. 체계에 따라 일하면, 자연스럽게 준비성도 단련되고 강화된다.

유능한 장군은 적의 예상 밖 동태에 유연하게 대응할 줄 알듯이, 뛰어난 사업가는 변화무쌍한 시장과 외부 변수에 흔들림 없이 대처한다. 또한 깊은 사상가는 예기치 않은 문제 앞에서도 세부를 풀어내는 통찰력을 가진다.

반면, 늑장은 치명적인 약점이다. 판단력을 흐리게 하고, 능력을 깎아먹는다. 그 결과는 곧 실패와 낙오다. 손과 마음, 머리가 항상 준비된 사람, 무엇을 해야 할지 정확히 알고 그 일을 체계적으로 능숙하게, 매끄럽고 빠르게 처리할 줄 아는 사람은 굳이 '성공'을 목표로 두지 않아도 된다. 그들에겐 성공이 먼저 다가오고, 성취가 문을 두드리기 때문이다. 그들의 삶과 일처리에는 부의 번영을 부르는 리듬이 흐른다.

'정확성'은 모든 거래, 계약, 계산, 사업 문서에서 가장 중요한 덕목이다. 하지만 이 정확성조차도 체계 없이는 존재할 수 없다. 불완전한 체계는 작은 실수를 반복하게 하고, 실수가 쌓이면 큰 손실과 실패로 이어진다.

정확성은 결코 우연히 생겨나거나 선천적으로 타고나는 것이 아니다. 철저한 체계, 완성된 준비, 그리고 단련된 습관에서 비롯된다.

'유용성'은 실천에서 드러난다. 그것은 단지 좋은 아이디어나 이론적 가능성이 아니다. 실제로 도움이 되고 현실을 바꾸며 사람을 움직이는 힘이다. 유용성은 성과로 증명되는 체계의 진짜 가치다. 아무리 복잡하고 정교한 계획이라 해도 실제로 적용되지 못한다면, 그건 체계가 아니라 허상에 불과하다. 유용한 체계는 단순하다. 그리고 단순한 체계일수록, 적용하기 쉽고, 반복 가능하며, 결과가 일관적이다.

직장이나 일터에서는 실무자가 현장에서 바로 이해하고 움직일 수 있어야 한다. 또한 새로 들어온 직원도 빠르게 익힐 수 있어야 한다.

쓸모 없는 체계는 짐이고, 유용한 체계는 자산이다. 성공적인 사업과 실패한 사업의 차이는 바로 이 유용한 체계를 갖췄는가에 달려 있다.

'포괄성'은 체계의 시야다. 단편이 아니라 전체 그림을 볼 수 있는 능력, 지엽적인 것에 머물지 않고 모든 요소를 하나의 흐름으로 통합하는 능력이다. 체계가 아무리 정밀해도 전체를 감싸지 못하면 언제든 균열이 생기고 흔들리게 된다.

포괄적인 체계는 다음과 같은 특징을 가진다.
- 모든 업무 영역을 아우른다.
- 사람과 사람, 부서와 부서 간 연결고리를 명확히 한다.
- 위기나 예외 상황까지 감안해 틀을 잡는다.

그 결과, 그 어떤 변수와 변화가 닥쳐도 시스템 전체가 무너지지 않는다. 포괄성은 곧 완성도다. 세부에 강하고, 전체를 놓치지 않는 체계는 언제나 더 큰 성공을 품을 준비가 되어 있다.

준비성, 정확성, 유용성, 포괄성은 체계의 네 기둥으로 곧 지속 가능한 번영의 토대이다. 체계는 단지 규칙의 나열이 아니다. 그것은 혼란 속에서도 나를 잃지 않게 해주는 질서의 빛, 어디로 가야 할지 모를 때도 한

걸음, 또 한걸음을 인도해주는 마음의 지도이다.

작고 단순한 정리는 언젠가 커다란 기적의 시작이 된다. 흐트러진 하루를 바로 세우는 손길 속에 당신의 내일이 자라고 있다.

그러니 지금 이 순간, 작은 질서 하나부터 시작해보라. 어쩌면 당신이 꿈꾸는 성공은 이미 그 조용한 정리 속에서 기다리고 있을 것이다.

인생은 하나의 거대한 창조물이다. 어떤 이는 손에 망치를 들고, 어떤 이는 펜을 들고, 또 어떤 이는 조용히 자신의 마음을 다듬으며 살아간다.

진정한 장인은 스스로 세운 삶의 설계도에 따라 매일을 성실히 쌓아 올리는 사람이다. 그들이 만드는 것은 단지 건물이나 제품이 아니다. 그 자체로 하나의 작품, 하나의 인격, 하나의 유산이다.

포괄성이란 바로 그 창조적 삶의 핵심이다. 작은 세부를 무시하지 않고, 모든 것을 하나의 중심 원칙 아래 아우르며, 복잡함 속에서도 단순함을 찾아내고, 흩어진 조각들 사이에서 질서와 통일을 이루는 힘.

우리는 모두 각자의 분야에서 목수이며 건축가이다. 어떤 도구를 들었든, 어떤 길 위에 있든, 당신의 손끝에서 시작된 체계와 실천은 세상에 단 하나뿐인 삶의 걸작을 만들어 낼 것이다.

이제 스스로에게 물어보라. 오늘 나는 어떤 성품을 다듬고, 어떤 질서를 세우며, 무엇을 향해 걸어가고 있는가.

포괄성은 분석의 날카로움과 통합의 너그러움을 고루 지닌 정신의 깊이이자 넓이다. 마음이 정돈된 사람은 자신의 내면, 그 고요하고도 단단한 지성의 중심에 세부를 질서 있게 배치해 두고 있다. 마치 보이지 않는 설계도가 펼쳐져 있는 듯, 모든 요소는 알맞은 자리에 놓이고, 필요한 순간에 정확히 작동한다. 그런 사람은 어쩌면 아직 '천재'라고 부르기엔 이르더라도, 분명 그 길 위에 서 있는 이다.

모든 이가 천재가 될 수 없고, 꼭 그럴 필요도 없다. 그러나 누구나 자신의 생각과 삶, 그리고 일에 질서를 부여하고 체계를 세워갈 수는 있다. 그렇게 정신의 근육을 단단히 단련할 때, 내면의 힘은 점점 강해지고, 그 힘은 마침내 확실한 번영의 가능성으로 이어진다.

지금까지 우리는 번영이라는 신전의 기초를 이루는

네 개의 견고한 기둥을 살펴보았다.

에너지, 절약, 정직, 체계, 이 네 가지 원칙만으로도 삶은 충분히 균형 잡히고 오래도록 지속될 수 있다. 활력으로 가득 차 있으면서도 시간과 자원을 아껴 쓰는 현명함을 갖춘 사람, 흔들림 없이 성실을 지켜내고, 내면의 질서를 바탕으로 외적인 일조차 조화롭게 끌어내는 사람, 그런 이는 어떤 길을 걷든 실패라는 단어와는 인연이 없을 것이다.

이 모든 덕목은 하나의 방향으로 모이면서 집중된 힘이 있고, 마침내 인생이라는 터전 위에 찬란한 결실을 맺는다. 그리고 그 결실은 단지 개인의 성취에 머무르지 않는다.

그는 자신의 품격과 용기, 독립된 정신으로 세상에 영향력을 더하며, 주변의 사람들까지도 함께 일으켜 세운다. 그의 존재는 말없이 빛나고, 그의 길은 조용히 다른 이의 길이 되어준다. 성경에는 이런 말씀이 있다.

"자기 일에 근면 성실한 사람을 보았는가? 그는 왕 앞에 설 것이요, 천한 자 앞에 서지 아니하리라." (잠언 22장 29절)

자신의 일에 충실하고 성실한 사람은 결코 비굴하게 애원하거나, 세상을 향해 불평하거나, 남을 원망하며 냉소에 빠지지 않는다. 그는 내면이 강건하고, 마음은 순수하며 삶 앞에 정직하다. 그래서 어떤 상황에서도 스스로를 비천하게 만들지 않고, 오히려 고결한 품격으로 스스로를 세운다. 그의 존재는 조용히 빛나며 그 품성은 마치 높은 산처럼 우뚝하고 단단하다. 사람들은 그를 존경할 것이며, 그의 앞길엔 흔들림 없는 성공과 지속적인 번영이 따를 것이다.

  그는 인생이라는 치열한 여정 속에서도 결코 쓰러지지 않을 것이다. 고요하지만 단단하게, 어떤 바람에도 휘청이지 않는 나무처럼 늘 곧고, 늘 당당히, 삶의 중심에 뿌리내리고 서 있을 것이다.

부의 번영을 위한 다섯 번째 법칙, 공감 능력

"사람을 얻는 자가 기회를 얻는다!"
다른 사람의 입장을 배려할 줄 아는 사람이 오래간다.
비즈니스든 직장이든 신뢰와 인간관계가 부의 통로가 된다.

번영의 신전을 떠받치는 네 개의 중심 기둥, 에너지, 절약, 정직, 체계는 단지 구조를 지탱하는 데 그치지 않는다. 이 기둥들은 신전의 중심에서 빛을 발하며, 그 자체로 강인함과 아름다움을 더해준다. 이 네 가지는 인간의 고귀함과 도덕적 품격을 상징한다. 그래서 이러한 기둥들이 있을 때, 비로소 우리는 '위인'이라 불릴 수 있는 사람을 만난다. 단순히 똑똑한 사람이 아니라, 티끌 없이 맑고 마음까지 반짝이는 사람.

한 사람의 진짜 됨됨이는 그가 얼마나 감정적으로 말하는지가 아니라, 실제로 어떻게 행동하는지를 보면 알 수 있다. 만약 어떤 사람이 늘 자기중심적으로 행동하고, 가족이나 주변 사람들이 그가 다가오는 소리만 들어도 긴장하고, 떠나갈 때 안도의 한숨을 쉰다면 — 그가 말하는 '동정심'은 얼마나 공허할까? 그런 사람이 하는 자선 활동도 결국 형식적인 '보여주기'일 가능성이 크다.

 누군가의 불의를 보고 분노를 터뜨리는 건 '공감'이라기보다 '반응'에 가깝다. 진짜 공감은 감정을 쏟아내는 게 아니라, 조용히 함께 느끼고 행동하는 힘이다.

 만약 누군가가 집에서는 폭군처럼 굴면서, 멀리 있는 불쌍한 사람에게 온정을 말한다면 그건 공감이 아니라 위선이다. 에머슨은 말했다.

 "먼 데 있는 사람을 사랑하기 전에, 지금 곁에 있는 사람을 진심으로 사랑하라. 아이에게, 함께 일하는 사람에게, 가족에게 친절하라. 마음이 따뜻한 사람이 되어라. 그렇지 않다면, 당신의 위대한 사랑은 그저 야망을 포장한 환상일 뿐이다."

 공감은 멀리 있는 거창한 일이 아니다. 진짜 공감은 지금 이 순간, 내가 만나는 사람에게 어떻게 말하고 행동하느냐에 달려 있다.

 감정은 쉽게 눈물로 흘러나올 수 있지만, 그 눈물이 항상 순수한 마음에서 오는 건 아니다. 때로는 이기적인 동기에서 비롯된 눈물도 있다. 공감은 단지 감정이 북받쳐 오르는 게 아니다. 진짜 공감은 조용히, 꾸준히, 따뜻하게 행동으로 드러난다.

공감이 깊은 사람은 흥분하지 않는다. 오히려 자제력이 있고, 조용하며, 겸손하고, 자애롭다. 이들은 다른 사람의 고통을 보고도 흥분하지 않고, 오히려 빠르게 실질적인 도움을 준다. 누군가는 이런 모습을 보고 무심하다며 오해할 수도 있지만, 진짜 공감은 격한 감정보다 행동으로 나타난다.

반대로, 남을 쉽게 비난하거나 빈정거리고, 화를 내고 조롱하는 사람은 공감 능력이 부족하다. 형식적이고 보여주기식으로만 동정심을 드러내는 사람도 마찬가지다. 이런 부족함의 근본 원인은 바로 '자기중심적인 시선'에 있다.

사랑은 이해에서 자라고, 공감은 사랑에서 시작된다. 우리는 종종 사람들 사이에 경계가 있다고 믿는다. 서로 다르고, 생각도 다르고, 옳고 그름도 각자라고 느낀다. 하지만 공감은 이 분리된 세계에서 벗어나, 누군가의 마음속에 들어가 함께 느끼고 이해하게 해준다.

시인 월트 휘트먼은 남북전쟁 당시 부상병들을 돌보면서 이렇게 말했다.

"나는 상처받은 사람에게 기분이 어떠냐고 묻지 않는다."

그저 곁에 있어주고, 말없이 함께했던 그의 태도는 공감 그 자체였다.

고통스러워하는 사람에게 이것저것 묻는 건 때로 무례한 일이다. 고통 앞에 필요한 건 호기심이 아니라 따뜻한 손길과 진심 어린 위로다. 진정한 연민을 가진 사람은 타인의 고통을 함께 느끼고, 그 아픔을 덜어주기 위해 행동한다. 공감은 스스로 자랑할 수 있는 덕목이 아니다. "내가 얼마나 공감했는지" 떠벌리는 순간, 그 공감은 이미 사라진 것이다.

만약 어떤 사람이 자신이 베푼 친절을 과시하거나, 충분한 보답을 받지 못했다며 불평한다면, 그는 진정한 친절을 실천한 것이 아니다. 아직 겸손한 마음에 이르지 못했기에, 깊고 다정한 공감 능력도 함께 갖추지 못한 것이다.

진짜 공감은 단순한 감정이 아니다. 그것은 타인의 고통과 삶을 마치 내 일처럼 느끼는 깊은 연결감이다. 공감력이 높은 사람은 단순히 착한 사람이 아니라, 마음속에 여러 개의 시선과 감정을 품은 '복합적인 존재'이다. 그는 한 가지 시선에 갇히지 않고, 자신과 전혀 다른 삶을 살아가는 사람조차 이해하려 애쓴다.

공감하는 사람은 상대방의 눈으로 세상을 보고, 그들의 귀로 듣고, 그들의 마음으로 느낀다. 그래서 가난한 사람의 고통, 소외된 사람의 외로움, 억울한 사람의 침묵까지도 자신의 일처럼 느끼게 된다. 그는 타인의 삶을 마음에 비추어, 마치 한 몸처럼 연결된 감각으로 세상을 살아간다.

오노레 드 발자크는 이렇게 말했다.

"그들의 굶주림은 곧 나의 굶주림이다. 나는 그들과 함께 그들의 집에 살고, 그들의 누더기를 느끼고, 그들의 시선으로 세상을 바라본다."

이런 감정은 단순한 동정심이 아니라, 타인의 삶을 온전히 받아들이는 '하나가 되는 마음'이다. 누군가 슬퍼할 때 같이 울고, 누군가 기뻐할 때 같이 웃고, 누군가 억울함을 겪을 때 그 마음속으로 조용히 내려가 함께 눌린 마음을 나누는 것 — 그게 진짜 공감이다.

이렇게 마음이 연결된 사람은 함부로 누구를 비웃거나, 가볍게 말로 상처를 주지 않는다. 그는 항상 조용한 연민과 따뜻한 눈빛으로 세상을 바라보기 때문이다.

하지만 이렇게 깊고 성숙한 공감에 이르기까지는 수많은 사랑과 상처, 그리고 고통의 시간을 지나야 한다.

마음이 많이 무너져 본 사람만이 다른 사람의 아픔을 진짜로 이해할 수 있다. 공감은 단지 좋은 마음만으로 생기지 않는다. 그건 자만심과 무심함, 이기심 같은 것을 태우고 나서야 비로소 피어나는 뜨거운 감정이다.

진짜 공감은 슬픔의 깊이를 가늠해 본 사람만이 도달할 수 있다. 하지만 그 슬픔에 영원히 잠긴 채 머무르지 않는다. 오히려 그 깊은 밤을 지나온 뒤에야 비로소 마음에 친절과 평온이 자리 잡는다. 그렇게 다듬어진 사람만이, 고통 속에 있는 사람에게 말없이도 따뜻한 위로를 건넬 수 있다. 스스로 고난을 겪고, 그 시간을 극복한 사람은, 아픔에 빠진 이들에게 평온한 안식처가 된다. 어머니가 아이의 아픔을 함께 느끼듯이, 연민이 깊은 사람은 타인의 고통을 진심으로 공감한다. 이처럼 스스로도 성숙한 사람만이 건넬 수 있는 공감은 가장 고귀하고 신성한 공감이다.

물론 꼭 그만큼 완벽하지 않아도 된다. 공감은 일상에서도 누군가의 상처를 감싸주는 강력한 힘이 된다. 다행히 세상에는 이런 따뜻한 마음을 가진 사람들이 곳곳에 있다. 동시에 마음이 거칠고 쉽게 분노하거나 냉소적인 사람들도 흔하다. 문제는 이런 차가운 기질이 결국 그들 자신에게 더 큰 고통과 실패를 안겨준다는 것이다. 공감은 타인을 위한 것이기도 하지만, 결국 자신을 지켜주는 방패이기도 하다.

화를 잘 내고, 완고하고, 차갑고, 계산적으로 행동하는 사람, 마음속 동정심이 메마른 사람은 아무리 유능해 보여도 결국엔 자기 일에서 크게 무너질 수밖에 없다. 그들은 성질이 너무 까칠하거나 사람을 몰라서 점점 주변과 멀어지고, 결국엔 고립 속에서 실패와 절망을 마주하게 된다.

공감은 단순한 감정이 아니라, 일상적인 비즈니스 거래에서도 핵심 자산이다. 사람들은 무섭고 고집스러운 사람보다, 친절하고 온화한 사람과 일하고 싶어 한다. 모든 분야에서 인간관계는 중요하며, 특히 '공감 지수'는 경쟁력이다. 능력이 평범하더라도 공감력이 높은 사람은 능력이 뛰어나도 공감력이 부족한 사람보다 항상 더 많은 신뢰를 얻고 관계에서 우위를 점한다.

목사나 성직자가 차갑게 말하거나 비웃는 모습을 보인다면, 아무리 훌륭한 말을 해도 영향력은 곧바로 떨어진다. 설교는 좋을지 몰라도, 사람들은 마음속으로 그를 '무정한 사람'이라 여긴다. 마찬가지로, 종교를 믿는 사업가라면 사람들은 그가 더 윤리적인 거래를 할 거라 기대한다. 그런데 일요일엔 예수님을 외치고, 평일엔 탐욕스러운 거래만 쫓는 사람이라면, 그는 자기 사업과 평판 모두를 망치는 길로 가는 셈이다.

공감은 동물조차 본능적으로 느낄 수 있는 가장 보편적인 마음의 언어다. 우리는 모두 살아가면서 고통을 겪는다. 그리고 이 고통을 공유한다는 사실은 우리를 서로 연결해준다. 그 연결이 바로 '공감'이다.

이기심은 나를 지키기 위해 타인을 희생시키는 마음이고, 공감은 나를 조금 내려놓고 타인을 지켜주려는 마음이다. 하지만 이러한 '자기희생'은 손해가 아니다. 이기심이 주는 기쁨은 작고 짧지만, 공감에서 오는 축복은 크고 깊다.

어떤 사람은 이렇게 묻는다. "사업을 성장시켜야 하는데 어떻게 자기희생을 하란 말인가?"

하지만 공감은 대단한 영웅심이 아니라, 지금 내가 있는 자리에서 내 방식으로 실천할 수 있는 것이다.

내가 아는 한 사업가는 경쟁자가 자기를 완전히 무너뜨리려 했을 때, 흔들리지 않고 끝까지 원칙을 지켰다. 그리고 오히려 그 경쟁자가 몰락한 뒤, 다시 일어설 수 있도록 도와줬다. 그 사람이 지금은 업계에서 가장 잘나가는 사업가가 된 걸 보면, 자기희생이 결국 가장 깊은 성공을 만든다는 게 실감난다.

또한, 내가 아는 사람 중에 가장 성공한 외판원이 있다. 그런데 놀랍게도 그 사람은 영업기술도 전혀 몰랐다. 무언가 계산하거나 머리를 굴리기보단, 그냥 따뜻하고 순수한 마음으로 사람들을 대했을 뿐이다. 늘 웃고, 상대방을 존중하고, 먼저 마음을 내주는 그런 사람이었다.

그는 처음 만나는 사람조차 금세 친구로 만들었고, 그가 사무실이나 매장에 나타나면 다들 정말 반가워했다. 단지 그가 유쾌해서가 아니라, 그와 함께하는 시간과 거래가 믿음직했기 때문이다. 그의 진심은 누구에게든 전해졌고, 사람들은 그런 마음에 기꺼이 마음을 열었다.

그의 성공 비결은 단연코 '공감'이었다. 하지만 그는 그걸 전략이라 생각하지도, 무기로 쓰지도 않았다. 워낙 순수하게 타인을 이해하고 배려했기에, 누군가 "당신은 공감력 덕분에 성공한 거예요"라고 말하면 아마 고개를 저었을 거다.

공감은 결코 성공의 장애물이 아니다. 진짜 성공을 망치는 건 오히려 이기심이다. 마음이 넓고 선할수록 번영의 가능성도 함께 커진다. 왜냐하면 이 세상의 모든 관계는 '함께 잘되기'로 연결돼 있기 때문이다.

공감은 네 가지 기둥 위에 서 있다.

- 친절
- 관용
- 온화함
- 통찰력

이 네 가지가 깊어질수록, 당신의 영향력도 그만큼 깊어지고 넓어진다.

진짜 친절은 순간의 기분에서 나오는 게 아니다. 완전히 성숙한 친절은 '감정'이 아니라 '성격'이다. 기분 좋을 땐 웃으며 잘해주다가, 상대가 내 뜻에 어긋나는 행동을 하면 금세 태도가 돌변하는 사람들. 이런 사람들의 친절은 진짜가 아니다. 칭찬하면서 뒤에서 험담한다면 그 칭찬은 무의미하다. 입맞춤 뒤에 냉소와 무관심이 따라온다면 그 사랑은 거짓에 가깝다.

선물도 마찬가지다. 순수한 마음에서 준 것처럼 보였지만, 나중에 은근한 보답을 기대하거나 그걸 빌미로 감정 싸움을 시작한다면, 그 선물은 그냥 '거래'였을 뿐이다.

진짜 친절은 어떤 상황에서도 일관된다. 나에게 잘해 주는 사람뿐 아니라, 내 기대를 저버린 사람에게도 똑같이 베풀 수 있을 때 비로소 진정한 친절이다. 감정에 휘둘리지 않고, 기분에 따라 변하지 않으며, 외부 자극 없이 스스로 흘러나오는 친절. 그건 마치 언제든 누구에게든 나눌 수 있는 마르지 않는 샘물 같다.

말보다 더 중요한 건 '태도'다. 친절은 내면 깊은 곳에서 우러나오고, 평소의 행동 전체에서 드러난다. 누구나 좋은 날엔 잘할 수 있다. 그러나 정말 중요한 건 기분이 엉망인 날에도 따뜻한 마음을 잃지 않는 것.

우리가 나중에 후회하게 되는 일들을 떠올려보자. 대부분은 '불친절했던 순간들'이다. 괜한 말 한마디, 차가운 태도, 이기적인 행동… 시간이 지나면 '그때 그렇게 하지 말걸' 하고 마음이 불편해진다.

반대로 친절하게 말하고, 따뜻하게 행동한 순간들은 거의 후회되지 않는다. 오히려 그 기억이 오래도록 남아 나를 뿌듯하게 만든다.

친절은 우리 성격을 맑게 하고, 얼굴에 따뜻함을 더해준다. 시간이 흐를수록 인상은 부드럽고 아름다워진다. 친절은 단순한 덕목이 아니라 '성공의 가능성'을 열어주는 열쇠다. 불친절로는 절대 얻을 수 없는 완전한 성공이 친절한 사람에게는 가까이 다가온다.

그리고 그 친절의 더 확장된 형태가 바로 '관용'이다. 친절이 부드러운 자매라면, 관용은 든든한 형제 같은 존재다. 유연하고, 개방적이고, 도량이 넓은 사람은 누구와도 잘 어울린다. 그에게는 사람을 끌어당기는 힘이 있다.

반면, 편협하고 융통성 없는 사람은 어디서든 사람들과 충돌하고 결국 외톨이가 된다. 너무 계산적이거나 비열한 태도는 사람을 멀어지게 만든다.

관용은 단순히 참아내는 게 아니라, 다른 사람을 있는 그대로 받아들이고 그들과 어울릴 수 있는 능력이다. 사람을 밀어내는 사람은 실패하고, 끌어안는 사람은 성공한다.

주는 것도 능력이다. 그리고 그것은 선택이 아닌 책임이다. 세상에는 '받는 데만 익숙한 사람'이 있다. 기회가 생기면 어떻게든 더 많이 가지려 하고, 자신이 가진 것을 나누는 데 인색하다. 하지만 이런 태도는 오래가지 못한다.

무언가를 받으려면, 먼저 줄 줄 알아야 한다. 주는 것과 받는 것은 정신 세계에서 순환하는 하나의 흐름이다. 이 흐름을 막으면, 결국 자신도 고립된다.

모든 종교와 철학이 공통적으로 강조하는 게 하나 있다면, 바로 '기부' 혹은 '베풂'이다. 기부는 단순히 여유 있는 사람이 시혜로 베푸는 행위가 아니다. 그것은 자기 자신을 성장시키는 강력한 수련이자, 이기심으로부터 스스로를 구원하는 길이다. 기부를 하면, 마음속에 있던 욕심이 조금씩 정화된다.

누군가를 도우면서, 우리는 내가 '세상과 연결되어 있다는 감각'을 되찾게 된다. 내가 가진 것을 나눌 줄 안다는 건, 내가 이 세상에 책임감을 느끼는 사람이라는 뜻이다. 그런 책임감 있는 사람은 삶에서도 더 강해지고, 결국 더 크게 성공할 수 있다.

"더 가지려는 마음이 많아질수록, 진짜 중요한 건 멀어진다."

사람은 가진 게 많아질수록 더 가지려고 한다. 이미

충분히 가졌지만 만족하지 못하고, 혹시나 잃을까 봐 불안해하며 움켜쥐기만 한다. 그 모습은 마치 먹이를 사냥하는 야수와도 같다. 더 얻기 위해 애쓰다 보면 결국 삶의 고차원적인 기쁨 — 즉, 자유로움과 연결감, 그리고 영적인 충만함 — 은 점점 멀어진다.

찰스 디킨스의 《크리스마스 캐럴》에 나오는 '스크루지'를 떠올려보자. 그는 재산을 쌓는 데는 성공했지만, 외로움과 냉소 속에 자신을 가두며 살았다. 그의 삶엔 '따뜻함'이나 '연결감'이 없었다. 그가 진짜 바꿔야 했던 건 재산이 아니라 마음의 방향이었다. 그리고 흥미롭게도, 오늘날 많은 영국(혹은 미국)의 공직자들은 이미 개인의 성공을 이뤄낸 사람들이며, 그 경험을 바탕으로 공적 삶에서도 '기부'와 '공헌'의 길을 택한다.

수많은 도시와 기관의 역사 속엔 그들이 남긴 후한 기부의 흔적이 고스란히 남아 있다. 성공과 기부는 모순되지 않는다. 진정한 성공은 무언가를 이루는 것에 머물지 않고, 그걸 어떻게 나누는가로 완성된다.

"성공한 사람을 시기하지 마라. 닮고 싶다면 그 마음부터 바꿔야 한다."

어떤 사람들은 말한다. "부자들은 다 편법을 쓴 거

야." "정직하게 살면 성공 못 해."

하지만 나는 지금껏, 진짜 성공한 사람이 부정하게 번 돈으로 살아간다는 증거를 본 적이 없다. 오히려 그들은 하나같이 부지런했고, 능력이 있었고, 무엇보다 정직했다.

물론 성공했다고 인격까지 완벽해지는 건 아니지만, 그들이 보여준 공통된 태도는 분명했다. 활기차고, 관대하고, 존중받을 줄 아는 사람들이었다.

성공을 원한다면 먼저 자기 마음을 잘 살펴야 한다. 마음속에 탐욕, 시기, 질투, 의심 같은 감정이 들어서는 순간 성장도, 성공도, 행복도 멀어진다.

반대로, 마음이 푼푼하고 손이 넉넉한 사람, 남을 믿고 존중하며 자신이 가진 걸 기꺼이 나눌 수 있는 사람은 어느새 명예와 풍요, 부의 번영을 손님처럼 맞이하게 된다.

그리고 '온화함' — 이건 단순한 성격이 아니라, 거의 신성에 가까운 힘이다. 온화한 사람은 절대 상스럽지 않다. 잔인하지도 이기적이지도 않다. 그는 경험에서 배우고, 마음을 다스리며, 조용히 자신을 깊게 만들어 간다. 성공하고 싶다면 먼저 사람다운 마음을 갖는 것

찰스 커트니 커란, 〈여름〉

부터 시작해야 한다.

"온화한 사람이 결국 이긴다."

온화함은 그냥 착하거나 순한 게 아니다. 자기 안의 본능적 반응, 특히 분노와 격정을 다스릴 줄 아는 힘이다.

누군가 당신을 무례하게 대하고, 억울한 상황에 몰아넣고, 정말 참을 수 없는 말을 해도 그 순간에 흔들리지 않는 것, 바로 그게 온화함이다. 정말 종교적인 사람이라면 가장 먼저 드러나는 특징이 바로 이 온화함이다.

그건 마치 마음의 훈장 같고, 수련 끝에 얻는 내면의 위엄이다. 예전부터 신사gentleman란 단어는 겸손하고 자제력 있고, 남을 배려할 줄 아는 사람을 뜻했다.

오늘날에도 이 의미는 거의 변하지 않았다. 온화한 사람은 어디서든 사랑받는다. 그가 어디서 태어났든, 무슨 직업을 가졌든 말이다.

반대로, 싸우기 좋아하고 쉽게 흥분하

는 사람은 스스로 자신의 미성숙함을 드러낼 뿐이다. 정말 마음이 깊은 사람은 누군가 모욕을 줘도 똑같이 갚지 않는다.

조용히 넘어가든지, 아니면 차라리 더 부드럽고 강한 말로 대응한다. 그 부드러움은 그냥 착함이 아니라, 자신의 감정을 다스리는 훈련에서 비롯된 진짜 힘이다.

자기 마음을 제어하지 못하는 사람은 하루 종일 긴장하여 몸과 마음이 소모되며, 결국 지쳐버린다.

반면 온화한 사람은 그 모든 감정 소용돌이에서 한 발 떨어져 평정 속에 머무르며 조용히 상황을 지배한다. 이 조용한 태도야말로 인생의 가장 큰 무기다.

공감은 단순한 감정이 아니라 누군가를 깊이 이해하려는 마음에서 우러난 통찰이다. 진짜 통찰력 있는 사람은 상대의 말투, 표정, 말 속에 숨은 진심까지 읽는다. 그는 논쟁하지 않고, 대신 경험하고 느낀다. 논쟁은 겉을 분석하지만, 공감은 그 사람의 중심까지 들어간다. 예를 들어, 냉소적인 사람은 길에서 마주친 누군가를 코트나 옷차림으로 판단할지 모른다.

하지만 공감하는 사람은 그 사람의 눈빛과 기운, 말

너머의 마음을 본다. 모든 미움은 결국 오해에서 시작된다. 서로 다르다는 '장벽'이 만들어 낸 착각이다.

반대로 모든 사랑은 진짜 이해에서 시작된다. 이해는 말이 아닌 공감에서 나온다. 공감은 말 없는 유대감을 만들어 내는 마법이다.

그 어떤 시보다 더 시적이고, 그 어떤 철학보다 더 깊이 있게 우리와 세상을 연결해 준다. 예술가들도 공감이 없었다면 세상의 다양한 인물을 그렇게 생생하게 그려낼 수 없었을 것이다.

셰익스피어는 왕과 거지, 철학자와 바보, 술꾼과 매춘부의 삶까지도 그 누구보다 진심으로 이해하고 표현했다. 그가 그들보다 그들을 더 잘 알았던 이유는 단 하나, 진짜 공감력이 있었기 때문이다.

그는 어떤 인물도 편견 없이 바라봤고, 어떤 계층도 차별하지 않았다. 그래서 그의 작품은 시대를 초월해 여전히 사람들의 마음에 울림을 준다. 진짜 통찰력은 지식이 아니라 공감에서 비롯된다.

우리가 사람을 있는 그대로 보기 위해 가장 먼저 버려야 할 건 편견이다. 편견이 있는 한, 우리는 '보는 사람'이지, '이해하는 사람'이 될 수 없다. 진짜 이해는 느끼는 데서 시작된다.

공감은 단순히 상대의 말을 들어주는 게 아니다. 그 사람의 고통, 기쁨, 불안을 마치 내 일처럼 함께 느끼는 능력이다. 공감이 깊은 사람은 상대방의 말 한마디, 눈빛 하나에서도 그 마음속 울림을 알아챈다. 그런 사람은 과거의 후회나 미래의 불안에도 휘둘리지 않는다.

왜냐하면 지금 이 순간에, 깨어 있는 마음으로 사람과 삶을 꿰뚫어 보기 때문이다. 그에게 삶은 더 이상 경쟁이 아니다. 두려움도, 미움도, 끝없는 비교도 이제 의미 없다.

그는 그냥 존재할 수 있고, 그 존재 자체로 자유롭고 기쁘고 평화롭다. 그리고 그 평온함은 공감이라는 내면의 눈을 통해 얻은 통찰력에서 비롯된다.

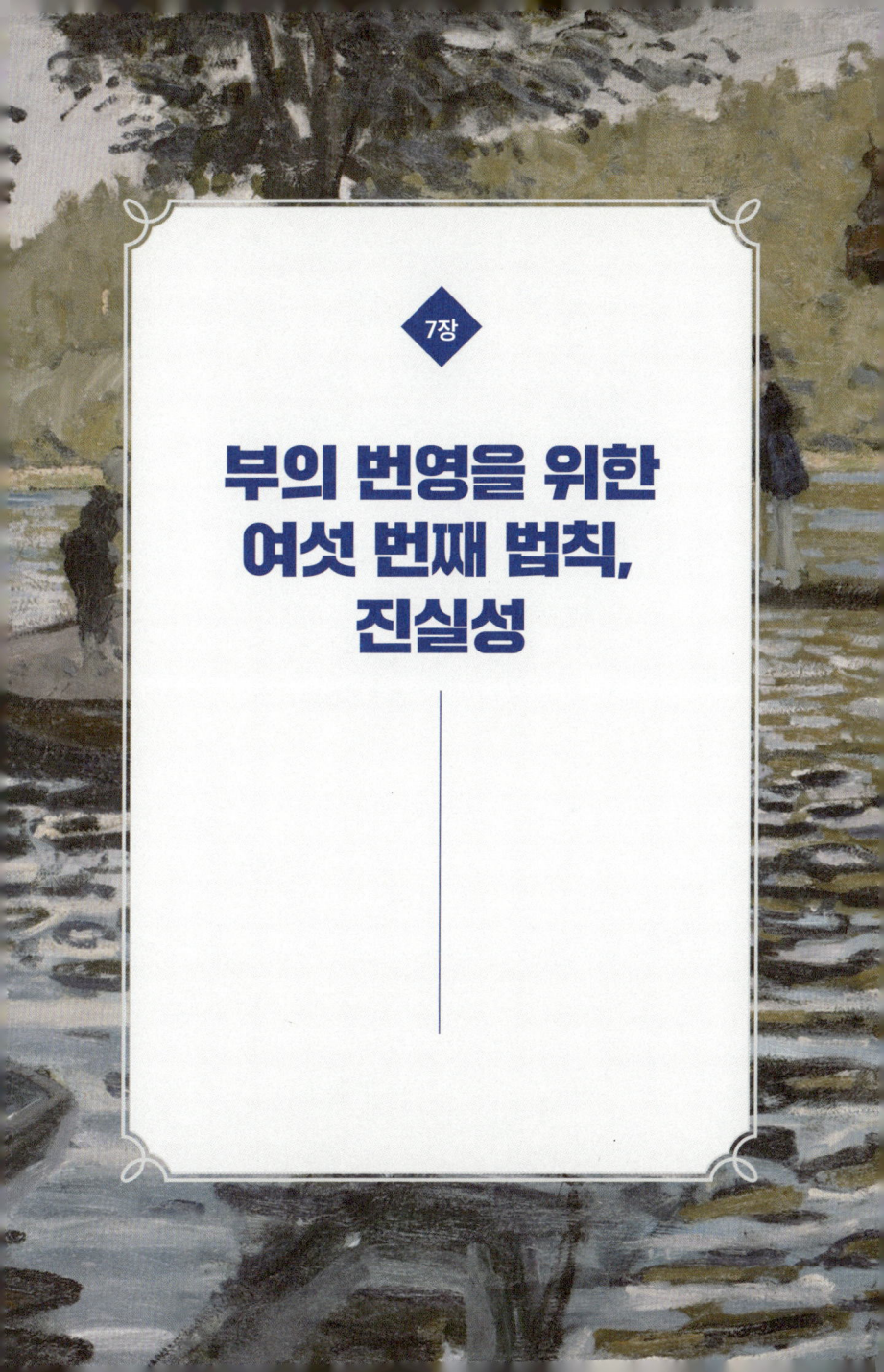

7장

부의 번영을 위한 여섯 번째 법칙, 진실성

"진정성은 돈보다 더 강력한 브랜드다!"
위선은 언젠가 무너지고, 진실은 부를 끌어온다.
말과 행동이 일치하는 사람은 존경과 기회를 동시에 얻게 될 것이다.

인간 사회는 결국 '진실성'이라는 신뢰의 끈으로 연결되어 있다. 거짓이 만연한 사회는 당장 무너지지는 않더라도, 분열과 불신이 끊이지 않는다. 우리가 온전하고 건강한 삶을 살아가기 위해서는 서로에 대한 깊은 신뢰가 바탕이 되어야 한다. 믿음이 없다면 인간관계도, 거래도, 그 어떤 협력도 불가능해진다.

셰익스피어의 《아테네의 티몬》은 이런 진실성의 부재가 얼마나 비극적인 결과를 낳는지를 보여준다. 주인공은 자신의 어리석음으로 인해 사람에 대한 믿음을 완전히 잃고, 세상과 단절된 끝에 스스로 삶을 포기한다. 결국, 신뢰 없이 이어지는 관계는 존재할 수 없다. 믿음은 개인의 평안뿐 아니라, 사회 전체를 지탱하는 가장 근본적인 힘이다.

랠프 왈도 에머슨은 "상업에서 신뢰가 사라지면 사회 전체가 무너질 수 있다"라고 말했다. 여기서 '체계'

란, 사람들 사이에 서로를 믿는 보편적 신뢰를 의미한다. 결국 우리가 살아가는 사회도, 일상적인 거래와 관계도 신뢰 위에 세워져 있다. 근시안적인 사람들은 사업이 사기와 기만으로 돌아간다고 생각할 수 있다.

실제 사업의 세계는 '신뢰' 위에 세워져 있다. 즉, 각자가 자신의 책임을 다할 것이라는 믿음이 바탕이 되기 때문에 거래가 성립하는 것이다. 예를 들어, 물건은 먼저 주고, 그 뒤에 값을 청구한다. 이런 방식이 지금까지도 유지되고 있다는 건, 대부분의 사람이 약속을 지키고 정직하게 값을 치르고 있다는 증거다.

인간 사회는 분명 많은 결점이 있지만, 그 근본은 '진리'라는 큰 기반 위에 세워져 있다. 진리는 진실성의 뿌리이자, 모든 올바른 관계와 신뢰의 출발점이다. 역사에 이름을 남긴 위대한 지도자들은 하나같이 높은 진실성을 갖춘 사람들이었다. 그들의 삶과 업적이 오래도록 기억되는 이유도, 바로 이 진실성 덕분이다. 이는 인류가 본능적으로 진실함을 존중한다는 사실을 보여준다.

반면, 정직하지 않은 사람일수록 세상을 부정적으로만 보고, 다른 사람들 역시 자신과 같을 것이라 여기며 "세상은 썩었다"고 말한다. 하지만 색안경을 쓰면 모든 것이 그 색으로 보이듯, 세상을 탓하기 전에 자기 시선을 먼저 돌아봐야 한다. 사회에서 좋은 점을 하나도 찾지 못한다면, 그 원인은 밖이 아니라 내 안에 있을지도 모른다. 요즘 사람들은 세상을 참 냉소적으로 바라본다. "세상은 전부 썩었어." "위에서부터 다 부패했잖아."

누군가 이런 말을 했다. 사회는 위에서부터 썩고, 그게 아래로 퍼진다고. 그러고 나서 내게도 같은 생각 아니냐고 물었다. 그러나 나는 조용히 고개를 저었다.

물론 세상에 결점은 많다. 하지만 나는 믿는다. 그 중심엔 여전히 '선한 씨앗'이 있다고. 우리가 아직도 서로를 믿고, 도움을 주고받고, 공감하는 이유도 그 때문이다.

냉정하게 말하자면, 이기적인 사람은 오래가지 못한다. 처음에 잘나가는 것처럼 보여도, 결국 사람들은 그 가면을 알아챈다. 신뢰는 한 번 깨지면 끝이다. 진심 없는 사람은 사람들 사이에서 점점 고립되고, 영향력도 사라진다.

잠깐 반짝이는 사람들이 있다. 거짓말로 사람들을 혹하게 하고, 결국 그들 위에 서는 듯 보이는 사람들. 그건 그 사람의 '성공'이라기보다, 사실 속아준 사람들의 경

힘 부족이 만든 착시일 뿐이다. 하지만 그런 일조차도, 우리는 사람들이 본능적으로 진심을 믿고 싶어 한다는 증거라고 볼 수 있다.

연기를 잘하는 배우는 무대 위에 있을 때 박수를 받는다. 하지만 인생이라는 무대에서 계속 연기하려는 사람은 언젠가 진짜 자기 자신을 잃게 된다. 그가 잃는 건 단지 '좋은 이미지'가 아니라, 자기 자신에 대한 존중과, 세상이 주는 기회다. 진짜는 결국 드러난다. 그래서 진심은 언제나 오래가는 것이다. 진심이 있는 사람만이 진짜 영향력을 가지게 된다.

진짜 진심은 눈에 잘 안 띈다. 하지만 그걸 가진 사람은 묘한 힘이 있다. 말투는 조용하지만, 사람의 마음을 흔든다. 진실성에는 도덕적인 힘이 있기 때문이다. 아무리 똑똑하고 말 잘하는 사람도, 그 힘 앞에서는 초라해질 수밖에 없다.

진심이 없는 사람의 표정은 웃고 있지만, 말끝이 가볍다. 그런 사람은 어떤 미덕을 갖추더라도 결국 사람들에게 신뢰받지 못한다. 거짓은 모든 걸 무너뜨리는 균열이기 때문이다.

거짓된 도덕은 모래 위에 세운 집이고, 진실 없는 칭찬은 그저 예쁜 소음일 뿐이다. 어떤 사람은 상대방을 설득하기 위해 말을 달콤하게 포장하고, 약간의 과장을 진심인 척 건넨다. 하지만 그런 속임수는 결국 사람의 '마음'에 닿지 못한다. 사람은 본능적으로 '이건 진심이 아니다'는 것을 안다.

내가 아는 한 여성은 이렇게 말했다.

"그 남자가 나한테 관심 있는 건 고맙죠. 그런데 그와 결혼하고 싶지는 않아요."

내가 그녀에게 물었다. "왜요?"

"그 사람이 말할 때 진심이 느껴지지 않거든요."

"진실하게 들린다"라는 말은 그건 단순한 느낌이 아니다. 사실 이 표현에는 놀라운 뜻이 숨어 있다. 예전에는 동전을 떨어뜨려 소리로 진짜인지 가렸다. 순도가 높은 동전은 맑은 소리를 냈고, 그 소리는 '이건 진짜'라는 신호가 되었다. 그래서 '진실하게 들린다'라는 말은 순도 100퍼센트 마음에서 나온 말이라는 뜻이다.

사람도 똑같다. 우리가 하는 말과 행동에는 소리 없는 진동 같은 게 있다. 겉으로는 아무렇지 않은 말이라도, 듣는 사람은 '진심인지 아닌지'를 느낀다. 그게 바로 마음의 귀다.

겉으로 드러나진 않지만, 누구나 가지고 있다. 사람들은 무의식적으로 상대방의 진심을 듣는다. 그래서 누군가를 속이려고 한다면, 그건 결국 스스로를 속이는 일이 된다.

진심은 들린다. 그리고 거짓도 들린다. 작가 1,000명이 책을 쓴다고 해도, 진짜 한 명의 글만 오래 읽힌다. 사람 10,000명이 말해도 그중 단 한 문장만 후대에 남는다.

사람들은 진짜를 기억하기 때문이다. 아무리 잘 꾸며도, 거짓은 오래가지 못한다. 결국 들통나고, 잊히고, 버려진다.

진심 없는 말, 겉만 번지르르한 행동, 가면처럼 꾸며낸 인생, 그런 건 전부 무게가 없다. 버티질 못한다. 내면이 텅 비면 결국 무너진다.

혹시 누군가 "겉모습이 그럴 듯해야 성공할 수 있지 않을까?"라고 말한다면, 정말 진지하게 이야기해주고 싶다. 가짜는 결국 무너진다.

기반이 없으니까, 속이 비어 있으니까. 그 끝엔 의심,

두려움, 후회, 그리고 아무도 알아주지 않는 고립된 지옥이 기다린다. 세상에 지옥이 존재한다면, 그건 거짓 속에 사는 삶일 것이다.

반면, 진실한 마음이 가진 네 가지 힘이 있다.

- 단순함
- 매력
- 투시력
- 힘

'단순함'은 자연스러움이다. 억지로 만든 것도, 꾸며낸 것도 없이 있는 그대로의 모습을 말한다. 그게 진짜 단순함이다.

자연이 왜 이렇게 아름다울까? 그건 자연이 자기 자신 그대로이기 때문이다. 자연은 스스로를 꾸미려고 하지 않는다. 자연에는 위선이 없다.

가끔 우리는 자연으로 돌아가고 싶다고 말한다. 조용한 시골집, 작은 텃밭, 푸른 바람 그런 걸 떠올리며 '진짜 삶'을 꿈꾼다. 그것은 사실 겉모습을 말하는 것이 아니라, 우리가 그리는 자연은 무언가를 벗어버린 상태,

가식과 욕심, 남과 비교하는 것을 버리고 꾸밈없이 온전히 나로 존재하는 상태를 말한다.

단순한 것은 가난한 게 아니다. 오히려 그 속에는 건강함, 자신감, 진실함이 담겨 있다. 무언가를 덜어낸 만큼, 더 깊은 울림이 생긴다. 자연이 그러하듯, 진실한 사람도 단순해서 아름답다. 스스로를 포장하지 않고, 그대로 존재하는 것으로 사람들에게 신뢰와 평온함을 준다.

하지만 우리가 가짜 자아를 안고 시골로 간다면, 아무리 고요한 자연이라도 우리를 바꿔주지 못한다. 그 가면은 도시든 시골이든, 우리가 서 있는 바로 그 자리에서 벗겨야 한다.

가끔 사람들은 시끄러운 도시와 피곤한 관계에서 도망치듯 시골로 향한다. 혹은 여행을 떠나버린다. 그곳에서 단순함을 되찾고 싶다면, 먼저 내면을 구원할 각오가 필요하다.

진짜 단순성은 숲에 둘러싸여 산다고, 혹은 새로운 곳에서 지낸다고 생기는 것이 아니다. 그건 '본 모습으로 살아가는 용기'에서 시작된다.

자연스러운 단순성은 동물에게도 있다. 그러나 인간의 단순함은 영혼의 깊이에서 길어 올릴 줄 아는 존재

찰스 심스, 〈여름 바다에서〉

다. 위대한 천재들이 그렇게 깊고 강렬한 울림을 줄 수 있었던 건, 그들이 겉치레를 버리고 진짜 자기 자신으로 살았기 때문이다. 그들의 말과 작품은 겉이 아닌 '속'에서 나왔고, 그 단순함의 본질에서 온 것이다.

반대로, 평범함에서 벗어나려 애쓰는 사람들일수록 겉모습에 집착한다. '그는 나를 어떻게 볼까?' 이런 생각에 매달리면 영원히 껍데기에서 헤어나지 못한다.

누군가 내게 말했다. "명곡을 쓸 수만 있다면, 인생 20년쯤은 바칠 수 있어요!"

하지만 진짜 명곡은 그런 마음에서 나올 수 없다. 그건 자기 과시에 불과하다. 진짜 작품, 진짜 영향력은 살아온 인생 전체가 진실했을 때 비로소 탄생한다. 고통도 기쁨도 거짓됨 없이 껴안고 살아온 사람만이 말할 자격이 있다.

진실한 사람은 언젠가 본질로 정제된 '순금의 성품'을 갖게 된다. 겉은 벗겨지고 속만 남을 때 그 사람은 더 빛이 난다. 그때 따라오는 것이 바로 단순성이다. 그건 자연에서 본 단순함이고, 진리에서 비롯된 단순함이다. 있는 그대로인데, 더할 나위 없이 아름답다.

진실한 사람에게는 언제나 단순함이 따라온다.

'매력' 역시 단순함에서 나온다. 자연이 아름다운 이유도 바로 단순함 덕분이다. 사람도 마찬가지다. 단순하고 진실한 사람에게는 특별한 '개인적인 영향력', 즉 진짜 매력이 있다.

요즘은 매력을 키워준다는 강의나 광고가 넘쳐난다. 몇 백만 원을 받고 비법을 전수한다며, 마치 매력을 화장처럼 덧바르고 지울 수 있는 것처럼 말한다.

이런 말에 끌리는 사람일수록 안타깝게도 진짜 매력에서 멀어지고 있다. 왜냐하면, 매력을 인정받고 싶어하는 욕망 자체가 매력을 망치기 때문이다. 그 마음속엔 불안과 허영이 있고, 그 허영은 결국 누군가를 속이게 한다. 그 사람도 알고 있다. 자기 안에 진짜 매력이나 기품이 없다는 걸. 그래서 무언가로 대신 채우려고 한다. 하지만 아름다운 마음과 단단한 인격을 대신할 수 있는 건 세상 어디에도 없다.

진짜 매력은 욕심을 낼수록 사라진다. 오히려 매력은 그것을 전혀 의식하지 않는 진실한 사람에게 자연스럽게 따라오는 것이다. 겉모습, 말재주, 똑똑함, 재능, 외모, 다 좋다. 그러나 이 모든 것도 결국 '진실성'이라는 한 단어에 미치지 못한다.

진짜 매력은 마음이 단단하고 건강한 사람에게서 흘러나온다. 진실한 사람은 숨길 게 없다. 그래서 항상 매력적이다. 어떤 역할을 꾸며내지 않아도 있는 그대로 사람을 끌어당긴다. 반면, 가식적인 매력은 오래 못 간다. 처음엔 인기를 끌 수 있어도 시간이 지나면 사람들은 냄새를 맡는다.

"뭔가 어색해." "겉은 그럴듯한데, 왜 그 사람만 만나면 피곤하지?"

결국, 진실하지 않은 사람은 자기 자신밖에 따르지 않는 외로운 인간이 된다. 그리고 그 가짜 매력의 끝은 자아도취라는 깊은 함정에 빠진다.

진실한 사람은 자기 외모, 재능 천재성 같은 것에 매달리지 않는다. 스스로를 과장하지도, 사람들의 반응에 연연하지도 않는다. 그래서 더 사랑받는 것이다.

'투시력'은 진실한 사람의 눈에만 생긴다. 스스로에게 솔직한 사람은 누가 거짓을 말하는지, 누가 진짜인지 단번에 안다. 아무리 말을 번지르르하게 해도, 진실한 사람 앞에서 가짜는 바로 들통난다.

그 눈빛, 그 침착함, 그리고 거짓을 알아보는 본능적

인 감각. 사기꾼들은 진실한 사람 앞에서 자기도 모르게 기가 죽는다. 그 눈빛에 들켜버렸다는 걸 알아채기 때문이다.

진실한 사람은 자기를 속이지 않기 때문에 남에게도 속지 않는다. 남의 표정과 말투, 행동, 분위기, 미세한 뉘앙스를 자연스럽게 읽어낸다.

경계는 하지만, 불신하지 않는다. 사람을 색안경을 끼고 보는 것이 아니라 있는 그대로 정확하게 보는 힘, 이게 바로 투시력이다. 이런 사람 옆에 있으면 신기하게도 사람들이 스스로 진짜 모습을 꺼내게 된다. 허세를 부리던 사람도 어느 순간 조용히 자기를 돌아본다.

진실한 사람은 그저 행동으로 보여준다. 그래서 사람들은 말보다 그의 '살아가는 방식'에 감화된다.

이 사람은 '행동의 본질'을 이해하고 그에 따라 움직인다. 무슨 일을 하든 왜 해야 하는지, 어떻게 해야 하는지를 안다. 그래서 당황하지 않고, 정확한 타이밍에 정확한 선택을 한다. 그 영향력은 처음엔 작고 소박하다. 하지만 시간이 지나면서 파문처럼 멀리 퍼진다. 심지어 죽은 뒤에도 사람들의 마음에 남아 길을 비춰주는 '영적 실재'가 된다.

진실한 사람은 자기가 하는 모든 말과 행동에 자신의 '성품'을 남긴다. 그 인상은 강렬하고 오래간다. 그리고 그것은 또 다른 사람의 행동을 바꾸고, 또 다른 사람에게 전달되며, 마침내 멀리 있는 절망 속 누군가에게 희망의 불씨가 되어 전해진다.

이것이 진정한 성공이다. 이런 영향력은 돈으로 살 수 없다. 하지만 누구나 노력으로 가질 수는 있다. 진실하게 살기로 마음먹는 그 순간부터 진실성은 든든한 기둥이다. 이 기둥 위에 지은 인생은 무너지지 않는다. 폭풍이 와도, 시간이 흘러도 그 신전을 버티고 선다. 그리고 그 안에서 수많은 사람이 휴식과 용기를 얻는다. 그 삶은 하나의 집이 되어 수많은 마음의 피난처가 된다.

진짜 '힘'은 겉으로 드러나지 않는다. 그건 목소리를 높이거나, 권력을 휘두르거나, 남 위에 서는 데서 나오지 않는다. 진실한 마음이 가진 힘은 흔들리지 않는 내면에서 나온다. 누가 뭐라 하든, 유행이 어떻게 바뀌든, 자기만의 기준을 지킬 줄 아는 사람. 그 사람 안에는 보이지 않는 근육 같은 힘이 있다.

우리는 종종 착한 사람은 약하다고 생각한다. 배려

하는 사람은 손해 본다고도 한다. 하지만 진짜 강한 사람은 누군가를 짓밟아 올라가지 않고도 성공할 수 있다는 걸 보여주는 사람이다. 그는 다른 사람을 부러워하지 않는다. 자기 속도로 묵묵히 걸어가고, 자기 방식으로 세상을 살아간다. 그 마음에는 불평도, 시기심도 없다. 그래서 더욱 단단하다.

진실한 사람은 기분에 따라 변하지 않는다. 감정이 아무리 요동쳐도 중심을 지킬 줄 안다. 이게 바로 '힘'이다.

내면이 휘둘리지 않는 사람, 그가 말하는 한마디는 결코 가볍지 않다. 작은 행동 하나에도 무게감이 있다. 사람들이 그에게 기댈 수 있는 건 말을 많이 해서가 아니라, 그 말이 언제나 진심이라는 것을 알고 있기 때문이다.

진짜 힘은 남을 억누르는 데 쓰지 않는다. 오히려 그 힘은 다른 사람을 일으켜 세우는 데 쓴다. 진실한 사람 옆에 있으면 괜히 마음이 정돈되고, 스스로 더 나은 사람이 되고 싶어진다.

그는 타인을 훈계하지도 않는다. 대신 그가 어떻게 사는지를 통해 사람들에게 조용한 메시지를 던진다. 그건 강요가 아니라, 묵묵한 울림이다. 진실한 사람의 힘은 누구도 다그치지 않고, 누구도 깎아내리지 않으면서 세상을 조금씩 바꾼다.

사람들은 언젠가 알아차린다. 말뿐인 사람과 자신이 내뱉은 말을 진짜 실천하며 살아온 사람은 다르다는 걸. 진실한 마음에서 나오는 힘은 눈에 띄지 않지만, 시간이 지나도 절대 사라지지 않는다. 그 흔적은 다른 사람의 마음에, 삶의 방향에 오래도록 남는다.

그가 떠난 뒤에도 그 사람 때문에 인생이 바뀌었다고 말하는 이들이 있다면, 그는 정말 강한 사람이다.

진실한 마음은 조용하다. 하지만 그 안에는 사람을 지탱하고 변화시키며 앞으로 나아가게 하는 강력한 힘이 숨겨져 있다.

진짜 힘은 그렇게 생긴다. 타인을 누르지 않고 세상을 들뜨게 하지 않으며, 그저 진심 하나로 끝까지 서 있는 사람. 그런 사람이 세상에 더 많아져야 우리 모두 안심하고 기댈 수 있는 기둥들이 생긴다.

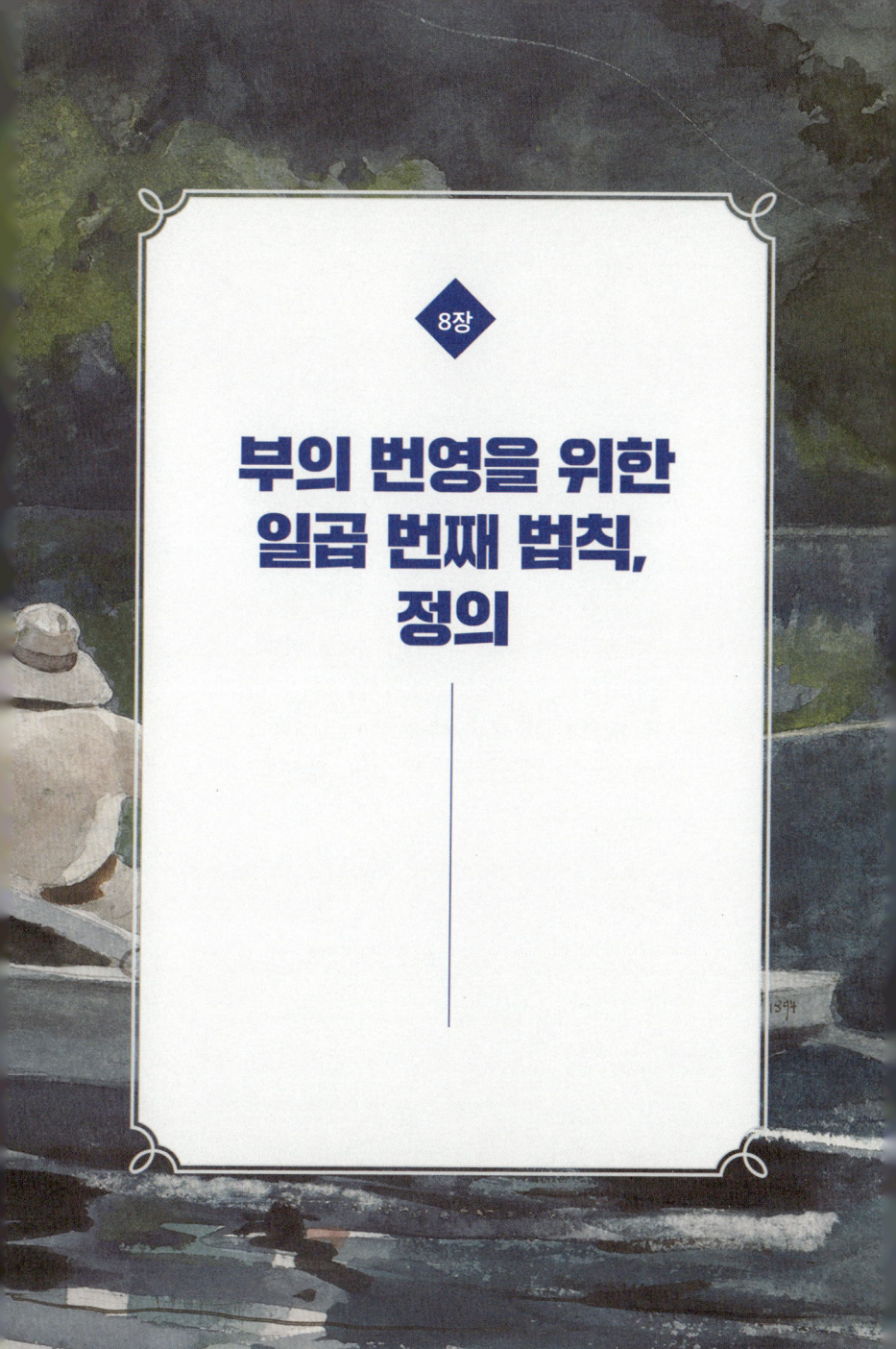

8장

부의 번영을 위한 일곱 번째 법칙, 정의

공정한 판단은 올바른 비즈니스 결정을 만든다.
편견 없이 상황을 바라보는 눈이 기회를 포착하게 한다.
공정함은 신뢰를 낳고, 신뢰는 부의 연결 고리다.

편견 없이 사람을 바라본다는 것은, 삶의 질서를 회복하는 일이다. 우리는 살아가면서 자연스럽게 자기만의 삶의 기준을 만들고, 때론 그 기준이 편견이 되어 누군가를 밀어내기도 한다. 그런데 그런 편견이 쌓이면 사실은 함께 갈 수 있었던 사람들과도 등을 돌리게 된다. 편견에 사로잡히면 인생은 끊임없는 긴장과 오해의 연속이 된다. 자꾸 부딪히고 상처받고 결국 지치게 된다. 반대로 공정한 마음은 삶을 가볍고 부드럽게 만들어 준다. 마치 해 질 무렵, 바람 따라 천천히 걷는 시골길처럼. 누구를 미워하지 않아도 되고, 스스로를 지나치게 몰아붙이지 않아도 된다.

 공정함은 자신을 낮추거나 포기하는 것이 아니다. 오히려 자신이 어떤 시선으로 세상을 바라보는지, 그 시선에 타인을 조금 더 포함시켜보는 연습이다. 쉽지 않지만, 오늘부터 시도해 볼 수 있다. 내가 누군가를 당연하게 판단하고 있는 건 아닌지, 내 말 한마디가 누군가의 하루에 그림자를 드리우고 있지는 않는지 생각해 보자.

편견은 마음속에 우뚝 솟은 보이지 않는 산 같다. 그 산은 그 너머의 진실과 사람들을 보지 못하게 만든다. 그러나 그 산을 하나씩 허물다 보면, 다양한 사람들의 마음, 생각, 감정이 한 폭의 풍경처럼 펼쳐진다. 그 안에서 우리는 더 부드럽고 지혜롭게 살아갈 수 있다.

우리는 때론 너무 확신에 차 있는 스스로를 믿는다. 그러다 보면 얼마나 많은 기쁨을 놓치고, 얼마나 좋은 사람들을 밀어내며, 얼마나 소중한 순간들이 흘러가 버렸는지 모를 때가 많다. 그 중심엔 바로 편견이 있다.

편견에서 벗어난다는 것은 생각보다 훨씬 어려운 일이다. 사람은 본능적으로 '내가 좋아하는 것'에 끌리고, 이미 마음이 정해지면 다른 이야기는 들으려고 하지 않는다.

진실을 보기 위해 사실을 고루 살펴보고, 감정보다 증거를 살피고, 나와 반대되는 시선에도 귀 기울이는 사람은 드물다. 우리는 흔히 이기기 위해 말하고, 이해하기 위해 듣지는 않는다.

그래서 논리보다는 감정에 의지하고, 진실보다는 자

신의 입장에만 몰두한다. 그렇게 자신을 보호하려고 애를 쓰다 보면, 정작 나를 갇히게 만드는 벽을 세우고 있는 것이다.

편견이라는 무지의 벽에, 나와 다른 사람, 나와 세상, 나와 진리를 가로막는다. 그 벽 안에 갇히면, 나만이 옳다는 생각으로 스스로를 고립시킨다. 다양한 관점을 이해하는 힘이야말로 스스로를 자유롭게 만든다.

편견은 마음의 문을 닫게 만든다. 그 문이 닫히면 더 나은 생각도, 더 따뜻한 말도, 더 아름다운 관계도 들어오지 못한다. 세상에는 다양한 색깔과 목소리가 있지만, 편견에 갇히면 우리는 그중 하나만 보고, 하나만 옳다고 믿게 된다.

누군가는 자신의 의견이 무조건 옳다고 말한다. 자신과 생각이 다른 사람은 수준이 낮다고 여기고, 생각이 비슷한 사람은 무조건 잘났다고 치켜세운다.

하지만 이런 태도는 진실을 보는 게 아니라, 자기 확신 속에 스스로를 가두는 것이다. 이건 지식이나 통찰이 아니라, 감정적인 자기애에 불과하다. 자기 생각만이 전부라고 믿는 순간, 우리는 현실이 아니라 스스로 만든 '작은 세상'에 살게 된다.

거기서는 아무리 큰 사실도 보이지 않고, 작은 오해 하나에도 쉽게 흔들리게 된다. 하지만 모든 일에는 적어도 두 가지 이상의 시선이 있다.

나만의 관점만 붙잡지 않고, 다른 사람의 입장도 조용히 들어볼 수 있을 때, 우리는 조금 더 넓고 깊게 세상을 바라볼 수 있다.

세상에 벌어지는 다툼이나 갈등을 살펴보면 마치 서로 다른 주장을 펼치는 두 명의 변호사 같다. 자기 주장을 뒷받침하는 근거만 내세우고, 상대의 말은 무조건 틀렸다고 공격한다. 그런데 진실은 그 두 사람 중 어느 한 명이 아니라, 모든 이야기를 끝까지 듣고 나서 조용히 판단하는 판사의 마음 안에 있다. 우리도 그렇게 살아야 한다.

한쪽에만 머물지 말고, 조금 더 공정한 마음으로, 양쪽을 바라보고 이해하려는 사람이 되어야 한다. 그럴 때 진짜 평온함과 통찰력이 생긴다.

사실, 누구나 편파적일 수 있다. 처음부터 모든 것을 균형 있게 바라보는 사람은 없다. 좋고 싫음이 있고, 나만의 입장이 있고, 또 감정이 앞설 때도 있다.

이런 편파성이 무조건 나쁘다고 할 수는 없다. 아직 익숙하지 않은 생각을 하게 하고, 세상을 더 깊이 바라보는 계기가 되기도 하니까.

누구나 처음에는 그렇게 출발한다. 그 길이 때로는 복잡하고 혼란스럽지만, 진짜 진실에 이르기 위한 하나의 여정이다. 하지만 공정함은 그 여정을 한 바퀴 돌아, 완전한 원을 이루는 것과 같다.

편파적인 사람은 진실의 일부만 보고 "이게 전부야?"라고 말한다. 그러나 공정한 사람은 모든 방향에서 바라보고, 조각들을 하나로 엮어 더 넓은 진실을 바라본다.

공정한 사람은 관찰할 때, 평가할 때, 판단할 때 좋고 싫음에 흔들리지 않는다. 중요한 건 내 의견이 아니라, 진짜 진실이 무엇이냐는 것이다.

우리는 알고 있다. 진실은 언젠가는 드러난다는 것. 내가 감정적으로 방어한다고 해서 그 진실이 바뀌지 않는다는 것도. 그래서 굳이 애써 싸우거나 흥분하지 않아도 된다. 스스로를 증명하려고 애쓰지 않아도 된다. 대신 고요하게 지켜보고 듣고, 이해해야 한다. 그리고 그런 내면의 고요는 그 어떤 감정적인 반응보다 더 깊은 힘을 가지고 있다.

빈센트 반 고흐, 〈아를의 침실〉

편견 없이 세상을 바라보는 사람은 드물다. 하지만 그런 사람은 직책이나 명예가 없어도 주변의 관계를 바꾸고, 공동체를 치유하고, 결국 더 나은 방향으로 이끌어갈 수 있는 사람이다. 말로 자신을 드러내지 않아도 그 존재만으로 신뢰를 만들고, 세상의 흐름을 조금씩 바꿔간다.

진짜 영향력을 가진 사람은 눈에 띄지 않을 수도 있다. 조용한 일상을 살아가는 누군가일 수도 있다. 어느 가게 점원이거나, 사무직 직원이거나, 아이를 키우는 엄마일 수도 있다. 어떤 이는 부유하게 살고, 또 어떤 이는 가진 게 없을 수도 있다. 어디에 있든, 어떤 외모이든, 어떤 배경이든 — 그 사람은 이미 세상을 조금씩 바꾸고 있을지 모른다.

우리가 아는 위대한 인물들도 처음엔 그렇게 평범한 삶 속에서 출발했다. 약 2,000년 전 한 목수는 사람들에게 외면당하고 미쳤다는 말까지 들었다. 그가 세상을 떠날 때도 영광스럽지 않았지만, 그가 남긴 말은 현재까지도 수많은 사람의 삶을 움직이고 있다.

또한 약 2,500년 전, 인도의 한 왕자는 모든 것을 가졌지만, 그것이 진짜 행복이 아니라는 것을 깨닫고 모든 것을 내려놓고 길을 나섰다. 그의 절제와 자비는 지금도 수억 명의 사람들에게 마음의 나침반이 되고 있다.

랠프 왈도 에머슨을 말했다.

"신이 이 세상에 '생각하는 사람'을 풀어놓을 때를 조심하라."

진짜 생각하는 사람은 편견 없이 세상을 바라보고, 자기 안의 기준을 넘어 진실을 마주할 수 있는 사람이다.

반면 편견에 갇힌 사람은 늘 자기 생각이 옳다고 주장하지만, 그건 생각이 아니라 감정에 휘둘린 반응일 뿐이다.

생각하는 사람은 다르다. 말하는 것보다 묵묵히 본질을 바라보고, 누구의 편도 아닌 진실의 편에 서 있다. 자기 마음속 잡음을 걷어낸 사람, 그래서 세상을 있는 그대로 바라볼 수 있는 사람, 그 사람이야말로 가장 강력한 힘을 가진 사람이다. 이런 사람의 영향력은 목소리가 크지 않아도, 겉으로 크게 드러내지 않아도 사람의 마음 깊은 곳을 흔든다.

그의 삶 자체가 말이 되고, 그의 태도는 마치 향기처럼 조용히, 그러나 확실하게 퍼져나간다.

진짜 힘은 조용하다. 말보다 더 큰 힘이 몸의 태도, 눈빛, 침묵 속에 담겨 있다. 공정한 사람은 자신이 특별하다고 말하지 않는다. 그저 묵묵히 살아갈 뿐인데, 주변 사람들이 그를 중심처럼 느낀다.

그는 회의실에서도 가족과의 갈등 한가운데서도, 정치 이야기로 뜨거운 상황에서도 흔들리지 않는다. 감정에 휘둘리지 않고, 누가 옳고 그르다 단정하지 않는다.

대신 양쪽 이야기를 깊이 듣고, 왜 이런 갈등이 생겼는지 정확히 파악한다. 그의 말에는 깊이가 있고, 그의 침묵에는 무게가 있다. 그가 있는 곳은 마치 숨 쉴 공간이 생기는 것처럼 편안해진다.

이런 사람은 세상의 중심이 된다. 목소리를 높이지 않아도, 사람들의 마음은 자연스레 그에게 향한다. 왜냐하면 그는 자기 감정에 갇히지 않고, 보편적인 진실을 보기 때문이다. 그는 모든 존재를 동등하게 바라보고, 어떤 입장도 미리 재단하지 않는다. 자기 신념을 고집하지 않고, 진실이 무엇인지 보려고 한다.

예술가나 작가 중에도 이런 태도를 가진 이들이 있다. 셰익스피어, 발자크, 에머슨 같은 사람들은 편견 없이 인물을 그리고, 사람의 복잡한 마음을 가리지 않고 드러냈다. 그들의 작품이 수백 년이 지나도 살아 있는 이유는 한쪽에 치우치지 않았기 때문이다. 진정한 사상가, 공정한 사람들은 이기심이나 감정에 휘둘리지 않고 마치 바다처럼 깊고 고요한 마음을 지녔다. 그래서 그는 조용히 우리의 혼란을 잠재우고, 더 넓은 시야로 우리를 이끈다. 이런 삶에는 네 가지 기둥이 있다.

- 정의
- 인내
- 침착
- 지혜

'정의'란 서로 공평하게 주고받는 것을 말한다. 흥정이 습관이 된 사람들은 종종 물건의 가치를 깎는 걸 똑똑한 소비라고 여기지만, 그건 사실 상대가 손해 보길 바라는 마음이다.

공정한 사람은 어떤 거래든 상대보다 앞서거나 우위를 점하려 하지 않는다. 무엇이 옳은지 고민하고, 그 물건이나 서비스가 지닌 진짜 가치에 맞는 대가를 기꺼이 지불한다. 왜냐하면 그는 알고 있다. 결국 옳은 선택이 가장 좋은 결과로 이어진다는 것을.

또한 그는 자신의 이익 때문에 누군가를 불리한 처지에 빠뜨리는 일이 결코 오래 가지 못한다는 것도 알고 있다. 이 세상에는 '영리하게 이득을 본다'는 말로 타인의 것을 빼앗는 방법들이 넘쳐난다. 그러나 공정한 사람은 그런 부당한 이득을 도둑질이나 다름없다고 여긴다.

장사도 마찬가지다. 정직한 상인이 물건에 맞는 가격을 붙인다. 지나친 마진을 남기지 않고, 사람들을 속여 팔지도 않는다. 오히려 흥정이 없어도 더 깊은 신뢰를 얻을 수 있다.

'한 푼이라도 깎고 싶다'라는 마음이 나를 부자가 되게 하는 것 같지만, 사실 그 습관은 결국 내가 누구와도 편하게 거래하지 못하게 만들고, 마음속에 늘 억울함만을 키운다.

공정한 사람은 자신이 주고받는 모든 것에 대해 정직한 값을 알고 있고, 그것을 기꺼이 지불한다. 그 덕분에 마음은 더 편안하고, 하루하루가 평온하다.

무엇보다 중요한 건, 남을 속이지도 나를 억울하게 만들지도 않는 그 '균형 잡힌 마음' 자체이다.

어느 중년 남성이 내게 이렇게 말했다.

"지금 생각해보니, 나는 평생 어떤 물건이든 그 가치보다 50퍼센트는 더 줬더군요."

하지만 그는 억울해하지 않았다. 그는 언제나 스스로 납득할 수 있는 거래만 했기 때문이다. 정직한 사람은 어떤 물건에든 기꺼이 제값을 지불하고, 거래 후에도 마음이 편안하다.

반면, 늘 물건을 반값에 사고 싶어 하는 사람은 '남들보다 싸게 샀다'는 만족감보다, '혹시 내가 손해 본 건 아닐까?'라는 불신과 억울함을 더 크게 느끼게 된다.

공정한 사람은 받는 것에 만족하고, 주는 것에도 기꺼이 마음을 담는다. 그런 사람의 삶은 평온하고 당당하다.

화가 나면 말이 앞서고, 말이 앞서면 관계가 틀어진다. 불쾌한 말 한마디는 오랜 시간 쌓아온 신뢰도 한순간에 무너뜨린다. 작은 비난이나 불편에도 쉽게 폭발하는 사람이 있다면, 그 곁에 머무르고 싶은 사람은 많지 않을 것이다. 가까운 친구조차 점점 거리를 둘지 모른다. 감정을 다스리지 못한 결과는 늘 후회와 고립으로 이어지기 쉽다.

반대로 자기 자신을 지혜롭게 다스리고 화가 날 때조차 부드럽게 반응하는 사람은 무게감이 다르다. 그는 자신만이 아니라 다른 사람의 입장까지 헤아릴 줄 알기에 함께 있으면 마음이 놓인다.

'중요한 문제'일수록, 오히려 더 차분히 다가가야 한다. 생각이 다른 사람과도 원만하게 지낼 줄 아는 사람이 진짜 성숙한 사람이다. 그는 싸움 대신 해법을 찾고, 비난 대신 배려를 선택한다. 갈등은 흔하지만, 인내는 드물다. 그러나 인내는 마음을 풍요롭게 만들고, 영혼을 정화하며, 결국 더 깊은 관계와 성공으로 우리를 이끈다.

고양이는 본능대로 울고, 가볍게 성을 낸다. 그러나 인간은 스스로를 훈련시키는 존재다. 우리는 감정을 다스릴 수 있는 존재이며, 그 자제와 인내가 바로 인간의 품격을 만든다.

'인내'는 결국 이긴다. 작은 물방울이 단단한 바위를 뚫듯, 꾸준한 인내는 모든 장애를 무너뜨릴 수 있는 힘이 있다. 사람의 마음을 움직이고, 어떤 상황에서도 흔들리지 않게 해주는 이 조용한 에너지는 결국 가장 큰 승리를 안겨준다.

그리고 그 인내의 짝은 침착함이다. 침착함은 폭풍 속에서도 자신을 잃지 않게 배처럼, 혼란한 세상 속에서도 중심을 지키게 해준다. 괴로움을 이겨낸 사람, 끝까지 견딘 사람만이 얻을 수 있는 내면의 평화이다.

흥분하고 쉽게 흔들리는 사람은 공정할 수 없다. 감정이 앞서면 판단이 흐려지고, 자기중심적인 시야에 갇히게 된다. 그러나 침착한 사람은 감정이 솟구쳐도 그걸 자제하고, 더 높은 차원에서 바라본다. 그는 자기 생각만이 아니라 다른 사람의 입장도 공감할 수 있는 사람이다.

그래서 그는 "내가 중요하듯, 당신도 중요해"라고 생각한다. 자신의 관점만 옳다고 믿지 않으며, 다른 생각에도 똑같은 가치를 부여한다. 자신의 강점을 내세우며 남을 평가하지도 않는다.

그는 늘 차분하고, 《거울 나라의 앨리스》의 험프티 덤프티처럼 자기만 옳다고 고집을 부리지 않는다. 세상에는 '화나게 만드는 일'이라는 게 본래는 없다. 다른 사람이 나와 다르다고 짜증을 내지도 않는다. 국화를 보며 "왜 장미가 아니냐"고 화내지 않듯 말이다.

침착한 사람은 세상과 사람의 다양함을 자연스럽게 받아들인다. 또한 누구보다 세상과 사람의 다양함을 자연스럽게 받아들인다. 그리고 누구보다 평온하고, 자유롭고 강하다.

그는 조용하지만 힘이 있고, 신중하지만 실행력이 있으며, 다른 사람이 애써 도달하는 목표를 더 쉽게 이뤄낸다.

그의 마음은 맑고 집중되어 있으며, 어떤 일이 닥쳐도 준비되어 있다. 그 고요한 마음 안에서 혼란은 조화로 바뀌고, 기쁨은 더 깊어지고 평화는 흔들림 없이 오래 머문다.

"침착은 변치 않는 기쁨이자 습관이다."

에머슨의 말처럼 침착함은 삶을 깊고 단단하게 만들어주는 힘이 있다. 하지만 이 침착함을 '무관심'이나 '무심함'과 혼동해서는 안 된다.

둘은 완전히 반대이다. 무심은 생명도, 온기도 없는 감정의 닫힘이지만, 침착함은 오히려 가장 따뜻하고 깨어 있는 상태이다. 빛나는 생명력이고, 강력한 자기 통제력이다.

차분한 사람은 자신 안의 이기심과 감정을 조용히 정복한 사람이다. 그 싸움에서 이겼기에 다른 사람의 이기심도 흔들리지 않고 받아넘길 수 있다. 침착한 사람은 어떤 상황에서도 도덕적으로, 인간적으로 무너지지 않는다. 왜냐하면 그는 자기 자신을 통제할 수 있는 사람이기 때문이다.

그에게는 패배가 없다. 감정에 휘둘리지 않기 때문에 그 누구보다도 깊이 보고, 멀리 생각할 수 있다. 진짜 부는 은행 잔고에 있는 게 아니라, 감정을 다스릴 수 있는 마음 안에 있다.

자제력은 물직적 부보다 훨씬 큰 축복이다. 자신을 이긴 사람은 이미 세상을 이긴 사람이다.

'지혜'는 늘 공정한 사람 곁에 머문다. 마치 강한 날개처럼 그를 보호하고, 가장 평화롭고 기쁜 길로 이끈다. 지혜로운 사람은 마음을 열 줄 안다. 사람마다 다른 생각, 다른 상황을 존중하면서도 자신의 원칙과 도덕은 절대 무너지지 않게 지킨다. 자기중심적인 사람과는 다르다.

어리석은 사람은 오직 자신만을 위해 움직이며 필요할 때는 도덕도, 기준도 쉽게 무너뜨린다.

공정한 행동은 그냥 나오는 게 아니다. 그 안에는 반드시 '지혜'가 숨어 있다. 자기 마음속에 있는 공정함을 한 번이라도 제대로 경험한 사람은 그걸 다시 꺼내고 더 키우는 방법을 알게 된다.

지혜는 깊고 넓다. 작은 것 하나도 허투루 보지 않는다. 아무리 세세한 문제라도 제대로 보고, 듣고, 이해하려 한다. 지혜로운 사람은 세상을 통째로 안고 있는 듯하지만, 무겁다고 느끼지 않는다. 그만큼 자유롭고, 단단하기 때문이다.

지혜란 결국, 어린 시절의 미성숙함을 딛고 자라 침착하고 강한 어른으로 성장한 상태이다. 과거의 실수와 고통에서 스스로 배워 더 이상 흔들리지 않는 존재가 되는 것이다. 깨달음은 책에서 배우는 것이 아니다. 삶에서 부딪치고 경험하며 수많은 사람들의 마음을 느끼고 이해하는 과정에서 자라난다.

지혜로운 사람은 그 여정 속에서 자신만의 우아함을 갖춘, 전혀 새로운 존재로 거듭난다.

이제 우리는 알 수 있다. '공정함'이라는 기둥이 바로 번영이라는 건물을 굳건히 지탱하고, 그 위에 '지혜'라는 은혜로운 장식이 더해질 때 비로소 삶은 진짜로 멋져질 수 있다는 것을.

9장

부의 번영을 위한 여덟 번째 법칙, 자기 신뢰

자기 자신을 믿는 사람은 남의 부름을 기다리지 않는다.
남에게 의존하지 않고 자신의 힘으로 문제를 해결하는 태도를 말한다.
자기 주도적인 삶이 결국 부를 부른다는 것을 잊지 말자.

젊은이라면 꼭 한 번은 에머슨의 《자기 신뢰》를 읽어 봐야 한다. 지금까지 쓰인 에세이 중 가장 강하고 생기 넘치는 글이기 때문이다. 이 책은 우리 안에 숨어 있는 두 가지 문제를 정확히 간파한다. 자기 비하와 자만.

한쪽은 "나는 안 돼" 하며 스스로를 괴롭히고, 다른 쪽은 "난 다 알아" 하며 실제보다 부풀려 행동한다. 《자기 신뢰》는 이 두 극단을 모두 꿰뚫는다. 소심한 무기력도, 잘난 척하는 허영도, 다 드러내 놓고 따끔하게 짚어 준다.

자기 신뢰는 자만이 아니다. 자기 신뢰는 당당함이고, 자만은 허세이다. 자기 신뢰는 겸손함을 바탕으로 하지만, 자만은 무지와 공허한 체면 때문에 만들어지는 것이다.

예를 들어, 누군가 당신에게 모르는 걸 물었을 때, 괜히 아는 척하며 말을 하는 사람이 있다.

"그거요? 그게 말이죠." 하며 헛소리를 포장한다.

하지만 결국 뻔히 드러난다. 무지와 거짓말은 오래가지 못한다. 차라리 모른다고 말하는 사람이 훨씬 강하다.

조금만 비판을 받아도 금방 상처받고 움츠러드는 사람도 있다. 이런 태도는 남에게 휘둘리는 삶을 계속 반복하게 만든다. 더 이상 관습에 끌려다니지 않아도 된다.

이제는 스스로 기준이 되는 사람, 새로운 모범이 되는 사람이 되어야 한다. 스스로를 믿는 사람은 남의 비웃음 앞에서도 흔들리지 않는다. 아무리 날 선 조롱이 날아와도, 단단한 자기 신뢰의 갑옷을 입고 있기 때문에 그 어떤 상처도 입지 않는다.

오히려 조용히, 묵묵히 자기 길을 걸어가며 결국 승리한다. 자기 신뢰는 타인의 시선에서 나오는 게 아니라, 내면에서 단단히 뿌리내릴 때 생긴다. 그 믿음 하나면 어떤 비바람 속에서도 우린 중심을 잃지 않고 계속 나아갈 수 있다.

에머슨은 이렇게 말했다.

"당신 스스로를 믿어라. 모든 사람의 심장은 그 믿음에 따라 박동한다."

우리는 자주 스스로를 믿는 대신, 남들이 정해 놓은 기준이나 세상의 반응에 맞춰 살아간다. 타고난 본성과 존엄성을 드러내기보다, 임시방편으로 반응하고 억지로 맞추며 산다.

하지만 언제나 소수의 용감한 사람들만이, 자기 신념을 지키며 진짜 자기 모습으로 우뚝 서왔다. 그들은 떠들지 않아도 존재 자체로 무게감이 있으며, 흔들리지 않는 당당함으로 스스로를 증명한다. 말하자면, '본질의 갑옷'을 입은 영웅이다.

물론 간혹 이렇게 사람들은 말한다.

"그런 말하면 욕먹어." "지금 그 행동은 평판에 안 좋아." "교회에서도 체면 생각해야지." "그 나이에 그런 소리하면 왕따 돼."

하지만 진짜 자기 신뢰가 있는 사람은 이런 것들을 모두 뛰어넘는다. 세상의 눈치를 보지 않고, 자기 뜻대로 살아간다. 그리고 결국, 그 사람은 더 이상 무시당하지 않는다.

모두가 그를 주목하고, 누군가는 기대고 싶어하고, 누군가는 존경하고, 누군가는 그를 따른다. 물론 이미 깨어난 성숙한 사람들은 그에게 기대거나 들러붙지 않는다. 그 대신, 그의 진심과 실력을 인정할 것이다. 그가 걸어온 길이 과거의 위대한 인물들이 걸었던 바로 그 길이라는 걸 기꺼이 받아들일 것이다.

배움을 무시하는 태도는 절대 '자기 신뢰'가 아니다. 그건 배짱 있는 척하는 불안일 뿐이다. 내면이 약한 사람일수록 괜히 고집을 부리고 뭐든 다 아는 척, 배우지 않으려고 한다.

진짜 자기 신뢰는 힘을 얻고, 성취를 이루는 토대이다. 하지만 교만과 허영은 그저 겉으로 포장한 약함이다. 돈, 외모, 명성, 지위 같은 쉽게 잃어버릴 수 있는 것들에 의존하기 때문이다.

이런 것들이 사라지면 끝이다. 하지만 자기 신뢰는 절대 사라지지 않는 것에 뿌리를 두고 있다. 가령 정직, 진실성, 성품, 순수함, 진리 같은 것들이다. 이 중 하나가 잠깐 무너져도, 다시 복구할 수 있으며 나 자신도 무너지지 않는다.

오만한 사람은 잘난 척한다. 자기의 무지를 감추려고 과시하고, 치장하고, 배우지 않는다. 그렇게 현상에 집착하다가, 오늘 올라갔다고 해도 내일은 더 아래로 떨어진다.

　반면 자기를 믿는 사람은 숨길 게 없다. 기꺼이 배우려고 하고, 필요하면 실수를 인정할 줄도 안다. 그래서 더 높이, 더 멀리 간다.

　교만한 사람에게는 겸손이 없지만, 자기 신뢰는 겸손과 함께한다. 오히려 정말 강한 사람일수록, 그 안에 말 못 할 만큼 깊은 겸손이 숨어 있다.

　에머슨은 "극과 극은 통한다"라고 말했다.

　극단적인 차이를 가진 두 개념이 만나서 균형을 이루거나, 예상치 못한 공통점을 발견할 때 사용하는 말이다. 진짜 미숙한 사람이 잘난척을 많이 한다거나, 오히려 큰 사람이 더 겸손할 수 있다는 것을 의미한다. 심지어 어떤 귀족보다도 성자의 자부심이 훨씬 위대하다.

　부처는 "자기 안에 신성을 본 사람은, 가장 낮은 자리에서도 당당할 수 있다"라고 말했다. 또한 "자기 자신에게 등불이 되어라. 진리를 등불 삼아 스스로를 비춰라"고도 했다.

　이 말은 내가 아는 자기 신뢰에 관한 가장 지혜로운 격언이다. 겉으로 보기엔 '혼자 힘으로 살아가라'는 말처럼 들리지만, 그 안에 진리를 따르는 겸손한 배움의 자세도 함께 있다.

위대한 스승들은 안다. 진짜 자기 신뢰는 혼자 잘났다고 뻐기는 것이 아니라, 진리를 따르기 위해 끝없이 배우는 것이라는 걸.

에머슨도 말했다.

"자기 신뢰는 영웅다운 행동의 본질이다."

모든 위인은 자기 자신을 신뢰한다. 우리는 그들을 흠모하거나 따라붙을 존재가 아니라, 그들과 같은 길을 걷는 사람이어야 한다.

만약 진리 안에 고요히 서 있는 위대한 사람이 있다면, 대부분은 그 사람에게 매달리려고 할 것이다. 그리고 말할 것이다. "나는 저만큼 위대하지 못해요. 난 안 돼요."

하지만 그러면 우리는 스스로의 성장을 포기하는 셈이다. 다른 사람의 빛을 잠깐 빌릴 수는 있지만, 진짜 필요한 건 나 자신의 등불을 밝히는 것이다. 남의 빛만 믿고 있다면 내 안의 등불은 녹슬고 꺼져버리고 만다. 그러면 결국 어둠 속에 방치된 나 자신을 발견하게 된다.

반면, 내 안의 빛은 결코 나를 배신하지 않는다. 퀘이커 교도들이 말하는 '내면의 빛'이 바로 이 자기 신뢰다.

누군가는 말할 것이다. "나는 너무 가난하고, 너무 보잘것없어요."

그렇다면 그 보잘것없는 출발점에서 시작하라. 한 걸음씩 나아가는 그 여정이 당신을 점점 위대하게 성장시켜 줄 것이다. 아기는 안아주고, 먹여주고 보살펴야 하지만, 어른은 자신의 두 팔과 두 다리로 살아간다.

사람들은 스스로 해야 할 일을 신에게 대신해 달라고 기도한다. 그러나 언젠가는 우리가 이 영적인 유아기를 벗어나야 한다. 누군가에게 돈을 주고 대신 기도해달라고 부탁하는 대신 자기 인생에 직접 무릎 꿇고, 직접 손을 뻗는 사람. 그런 사람이 진짜 자기 신뢰를 가진 사람이다.

인생에서 가장 근본적인 문제 중 하나는 '자기 불신'이다. 실제로 자신을 믿는 사람은 그만큼 드물기에, 오히려 더 귀하게 빛난다. 스스로를 '벌레'처럼 여기는 사람은 타인에게도 무가치하고 초라한 존재로만 비칠 수밖에 없다.

물론 "자신을 낮추는 자는 높아질 것이다"라는 성경 말씀(누가복음, 14장 11절)이 있다. 그러나 이 말은 자기

비하를 하라는 뜻이 아니다. 있는 그대로의 자신을 바라보되, 부족한 부분은 성찰하고 고치려는 용기가 필요하다는 것. 동시에 자신의 장점은 스스로 인정하고 지켜내야 한다. 사람의 격은 외부에서 깎이는 것이 아니라, 스스로 포기하고 내려놓을 때 무너진다. 자신을 귀하게 대하는 사람만이 진정 귀한 삶을 살 수 있다.

간혹 자신의 나약함이나 타락한 모습을 굳이 드러내며 관심을 끌려는 이들도 있다. 어떤 이들은 왜곡된 자존감으로 오히려 과오에 자부심을 갖기도 한다. 물론 누구나 넘어질 수 있다. 중요한 건 다시 일어나는 것이다. 한 번 넘어진 경험은 오히려 더 깊은 지혜로 돌아올 수 있다.

하지만 넘어진 채로 그 자리에 주저앉아, 지나가는 이들에게 "나 좀 도와주세요"라고 외치기만 한다면 성장은 멈추고 말 것이다.

일어나야 한다. 그리고 더 조심스럽게, 더 단단하게 길을 걸어가야 한다.

마찬가지로, 혹시 인생의 어두운 구렁텅이에 빠졌더라도 스스로를 탓하거나 체념하지 말아야 한다. 용기 있게 다시 일어나, 과거를 정리하고 기쁜 마음으로 앞으로 나아가야 한다. 자신을 믿는 사람만이 인생의 어느 영역에서든 영향력과 가능성을 활짝 열 수 있다.

자기 신뢰는 리더십의 근본이기도 하다. 조직을 이끄는 위치에 있는 사람, 자녀를 키우는 부모, 공동체 안에서 역할을 맡은 이 모두에게 꼭 필요한 자질이다.

그리고 이제, 자기 신뢰의 핵심적인 네 가지 특성에 대해 이야기하겠다.

- 결단력
- 확고부동
- 위엄
- 독립성

'결단력'은 사람을 강하게 만든다. 망설임과 주저함 속에서는 아무리 좋은 기회가 와도 잡을 수 없다. 인생은 이미 단순한 연습 무대가 아니라, 매 순간이 실전이다. 아이를 키우는 엄마든, 직장에서 책임을 맡고 있는 리더든, 혹은 새로운 도전을 앞둔 사람이든, 자신이 맡은 역할에 확신을 가져야 한다.

"지금 내가 서 있는 자리가 어떤 무대인지", "지금 이 선택이 어떤 의미를 가지는지" 스스로 이해하고 있어야 한다. 설령 단역일지라도, 그 인생의 장면은 오직 나만이 해낼 수 있는 고유한 장면이다.

확신이 없으면 주변의 말에 휘둘리기 쉽다. 나보다 더 확고한 사람 앞에서 위축되고, 갈림길에서 쉽게 길을 잃게 된다. 하지만 자신이 선택한 길을 이해하고 그 방향에 대한 믿음이 있다면, 어떤 질문을 받아도 당당히 답할 수 있다. 어떤 변화가 닥쳐와도 중심을 잃지 않을 수 있다.

자신의 일을 제대로 알고, 그 안에서 숙련되었다는 자부심이 있을 때 우리는 단순한 '일꾼'이 아니라, '전문가'로서 서게 된다. 마치 숙련된 장인이 어떤 도구든 능숙하게 다루듯, 우리 역시 삶의 선택과 행동을 거침없이 해낼 수 있게 된다.

때로는 빠른 결단이 성공을 이끈다. 순간의 망설임이 기회를 놓치게 만들 수 있다. 물론 실수는 누구나 한다. 하지만 우유부단하게 실수한 사람보다, 단호하게 선택하고 실수한 사람이 훨씬 많은 것을 얻는다. 전자는 실수에 약점까지 남기지만, 후자는 실수에서 교훈과 힘을 가져오기 때문이다.

살다 보면 누구나 끊임없이 '결정'의 순간을 맞이하게 된다. 잘 아는 분야든, 전혀 모르는 영역이든. 이럴 때 중요한 건 단순히 '안다'는 자신감뿐만 아니라, '모른다'는 겸손도 함께 갖추는 것이다. 자기가 알고 있는 지식은 명확히 전달하되, 자신의 무지를 인정하는 데도 주저함이 없어야 한다. 이는 진실하게 사는 사람만이 지닐 수 있는 용기이기도 하다.

자신의 기준이 명확한 사람은, 두 갈림길에서 쉽게 길을 잃지 않는다. 이미 마음속에 '바른 길'에 대한 나침반이 있다면, 결정은 자연스럽고도 빠르게 이루어진다. 이처럼 기준에 따라 결단을 내리고 행동할 수 있는 사람, 바로 그런 사람이 '확고부동한 사람'이다.

확고부동함은 단지 고집이 아니라, 원칙에 대한 깊은 신뢰에서 나온다. 그것은 누군가에게 보여주기 위한 맹세가 아닌, 스스로의 영혼 앞에서 한 맹세이다. 형식보다 중요한 건 '나는 무엇을 지키며 살 것인가'에 대한 흔들림 없는 태도이다.

원칙이 없으면 성취도 없다. 순간의 편의를 좇다 보면, 결국 가시 돋친 수렁에 빠지고 만다. 그렇게 자기 신념을 저버리는 타협이 반복되면, 어느 순간 자신이 만들어낸 절망 속에 갇혀 방향을 잃게 된다.

많은 사람이 부드럽고 유순한 것이 선함이라고 오해하지만, 실은 활기 없는 나약함이야말로 더 무서운 악일 수 있다. 오히려 강한 기질을 지닌 사람이 빠르게 진리로 돌아서는 경우도 많다. 자신이 어떤 길을 선택했든 그 끝까지 책임지는 힘을 갖고 있다면, 그 힘은 언제든 선을 향해 전환될 수 있기 때문이다.

그래서 우리는 확고한 원칙을 가져야 한다. 그것이 인생의 복잡한 갈등 속에서 우리를 붙잡아 줄 버팀목이 되어주기 때문이다. 이 원칙들은 단순한 윤리나 이상이 아니라, 실질적인 삶의 나침반이 된다. 어떤 유혹 앞에서도, 어떤 고난 중에서도 '무엇을 지켜야 하는가'를 알게 해준다.

그리고 중요한 사실 하나. 우리가 원칙을 저버리지 않는 한, 원칙 또한 우리를 배신하지 않는다는 것이다. 원칙은 우리를 모든 위험으로부터 보호하고, 길을 잃었을 때 다시 나아갈 길을 밝혀주는 등불이 되어줄 것이다. 혼란스러운 마음에 평온을 주고, 삶의 폭풍 속에서도 피난처가 되어줄 것이다.

'위엄'이란 마음속에 확고한 원칙을 품고, 겉으로는 고요하고 단정한 기품을 드러내는 것이다. 때로는 악과 타협하지 않는 강인함으로, 때로는 선에 부드럽게 반응하는 유연함으로, 위엄 있는 사람은 존재 자체만으로도 주변에 평온과 신뢰를 안겨준다.

흔들리는 원칙, 상황에 따라 달라지는 태도, 욕망이 꺾일 땐 고집을 부리고 도덕이 위협받을 땐 쉽게 무너지는 사람은 결코 평정도, 무게도 가질 수 없다. 반면, 위엄 있는 사람은 남들에게 짓밟히지 않는다. 더 이상 스스로를 짓밟지 않기 때문이다.

그는 자신을 깎아내리는 말에도 과하게 반응하지 않는다. 오히려 한마디 말보다 깊은 침묵, 거기에 담긴 지혜와 존엄으로 상대를 무력화시킨다. 그런 사람의 존재는 가볍고 경박한 사람에게는 묵직한 경고가 되고, 선을 추구하는 사람에게는 단단한 신뢰가 된다.

그러나 진정한 위엄은 단지 자존감이 강해서 생기는 것이 아니다. 그보다 더 큰 이유는 위엄 있는 사람이 타인을 존중하고 자애롭게 대하기 때문이다. 교만한 사람은 자신만을 사랑한다. 그래서 다른 사람을 깔보며 경멸하는 태도로 대한다. 하지만 진짜 위엄은 자기애가 아니라 자기희생, 곧 개인의 감정이나 이익을 내려놓고 원칙을 지키는 데서 비롯된다.

예를 들어, 판사의 위엄은 자신의 감정을 철저히 배제하고 '법'이라는 원칙에 따라 판단할 때 가장 분명히 드러난다. 그가 법 대신 사적인 감정이나 편견에 따라 판단한다면, 그 위엄은 금세 사라지고 말 것이다. 이처럼 진정한 위엄은 개인의 기분이 아닌 '흔들림 없는 기준'에서 나온다.

사람은 누구나 감정이 있고, 때로는 격정에 휩쓸릴 수 있다. 하지만 그런 감정에 휘둘리는 순간, 위엄은 무너지고 만다. 자제력과 지혜를 잃고, 그저 그런 군중 속의 한 사람이 되어버리는 것이다. 그러니 우리가 위엄을 지키기 위해 가장 먼저 해야 할 일은, 스스로를 믿고 따를 수 있는 원칙을 세우는 것. 그 원칙이야말로 감정이 요동칠 때 우리를 붙잡아주고, 혼란 속에서도 침착하게 길을 찾게 해줄 것이다. 그리고 그 원칙은 언제나 우리 편이 되어, 인생의 고비마다 흔들림 없이 우리를 지켜줄 것이다.

위엄이란, 결국 마음을 지키는 힘이고 다른 사람 앞에서도 자신을 잃지 않는 자세다. 그것은 나이와 경력을 넘어, 삶의 품격을 완성하는 데 반드시 필요한 자산이다.

'독립성'은 강인한 내면과 자기 통제력을 갖춘 사람만이 지닐 수 있는 고귀한 특권이다. 우리 모두는 사람답게 살기를 원하고, 누구에게도 종속되지 않는 자유를 갈망한다. 하지만 진정한 자유는 책임 없는 상태가 아니라, 스스로 선택하고 책임지는 삶 속에서만 얻을 수 있다.

사람은 누구나 자신만을 위해서가 아니라, 가족과 사회를 위해 일할 이유가 있다. 특별한 사정이 없는 한, 남에게 전적으로 기대어 아무런 대가도 치르지 않고 살아가는 삶은 부끄러운 줄 알아야 한다. 그런 삶은 얼핏 자유롭게 보여도, 사실은 자기 인생의 운전대를 남에게 넘긴 '가장 낮은 형태의 종속'일 수도 있다.

그럼에도 불구하고 아직도 무위도식을 자유라고 착각하는 사람이 있다. 하지만 그런 자유는 진짜 자유가 아니다. 벌집의 수벌처럼 남이 해주는 일에 기대어 살아가는 삶은 결국 사람들에게 외면당하고, 존경받지 못할 날이 올 것이다.

진짜 자유와 독립은 게으름 속에서가 아니라 땀 흘리는 삶 속에서 주어진다. 자기 자신을 믿고 사랑하는 사람은, 너무도 당연하게 자기 힘으로 살아가려 한다. 남의 도움을 받아야 하는 상황이 있더라도, 그것이 일시적인 것이지 당연한 권리라고 생각하지 않는다.

 독립적인 사람은 자신의 손과 머리로 일해서 삶을 꾸려가는 것을 자부심으로 여긴다. 부자든 가난하든 이 원칙은 예외가 없다. 부유하다고 해서 아무것도 하지 않고 사는 것이 정당화되지는 않는다. 오히려 여유가 있다면, 그만큼 더 큰 책임과 나눔의 기회를 갖고 지역 사회에 기여하는 것이 자연스러운 태도이다.

 자립 없이 자유는 없다. 자립 없이 자기 신뢰도 없다. 그리고 자기 신뢰 없이는 독립적인 삶을 살 수 없다. 결국 독립성은 삶의 주도권을 스스로 쥐고 사는 것, 의존이 아닌 기여의 자세로 살아가는 것을 말한다.

10장

확실하게 부를 얻는 가장 완전한 방법

'부'는 단순히 돈이 아니라, 내면이 잘 정돈된 결과물이기도 하다.
앞에서 배운 여덟 가지 기둥은 "어떻게 돈을 잘 버느냐"가 아니라
"어떤 사람이 되어야 돈이 따라오는지" 말해준다.
당신은 어떤 사람이 될 것인가.

혹시 당신이 이 책을 펼친 이유가 돈을 벌기 위한 요령이나, 사업에서 손익을 따지는 법, 계약서 쓰는 방법 같은 구체적인 정보를 찾기 위해서였다면, 그런 세부 지침이 전혀 보이지 않는다는 사실을 이미 눈치챘을 것이다. 그 이유로는 다음과 같다.

첫째, 세부적인 기술과 요령은 원칙과 연결되지 않으면 의미가 없다. 아무리 많은 정보와 팁을 알고 있어도, 그것이 제대로 된 원칙 위에 서 있지 않으면 쉽게 흔들리거나 무너지기 마련이다.

둘째, 세부 사항은 끝이 없고 끊임없이 바뀐다. 시장도, 조건도, 트렌드도 매일 변한다. 반면에 진짜 중요한 건 영원히 변하지 않는 핵심 원칙이다. 그래서 원칙을 배우는 것이 훨씬 더 중요하다.

셋째, 올바른 원칙은 모든 세부 사항을 조율하고 이끌어준다. 일단 중심이 서 있으면, 어떤 상황이 와도 흔란스럽지 않다. 기준이 명확한 사람은 결정도 빠르고 흔들리지 않는다.

넷째, 진짜 중요한 가르침은 보편적이어야 한다. 특정 상황이나 직업에만 필요한 세세한 기술보다는, 누구에게나 적용될 수 있는 인생의 중심 원칙을 배우는 것이 훨씬 가치 있다. 원칙은 방향을 잡아주고, 순간의 선택이 아닌 일생을 이끌어주는 힘이 되기 때문이다.

이 책에서 말하는 '원칙'을 제대로 이해하고 현명하게 실천할 수 있다면, 앞에서 언급한 네 가지 이유가 자연스럽게 마음에 와닿을 것이다.

살다 보면 우리 모두는 수많은 '세부 사항'들과 마주하게 된다. 계약 조건, 매출 목표, 인간관계의 디테일, 가정의 일상사 등등. 물론 이런 것들도 중요하다. 하지만 그런 세부 사항들은 대부분 특정 상황이나 사람에게만 적용되는 것들이다. 반면, 도덕적 원칙은 모든 사람, 모든 상황에 적용되는 보편적인 기준이다.

원칙을 중심에 둔 사람은 복잡한 상황 속에서도 흔들리지 않는다. 세부 사항 하나하나에 일일이 끌려다니지 않고, 전체를 꿰뚫는 시야로 상황을 바라보며 중심을 잡을 수 있기 때문이다. 마음속에 명확한 기준이 있는 사람은 어떤 일이 닥쳐도 당황하지 않는다. 혼란스럽고 머리 아픈 일도, 원칙 하나로 정리된다.

반대로, 원칙 없이 세부 사항에만 얽매이는 사람은 마치 숲속에서 길을 잃은 사람처럼, 어디로 가야 할지 모른 채 이리저리 헤매게 된다. 그런 사람은 문제의 핵심은 놓친 채 주변 일에만 에너지를 쏟게 된다. 원칙이 없는 삶은 시시각각 바뀌는 상황에 끌려다니며 불안하고 고단하다.

원칙이란, 세부 사항들을 조화롭게 이끌어 주는 '정신'이다. 성경에서는 "율법 조문은 죽이고, 정신은 살린다"라고 했다. 종교뿐 아니라 예술, 과학, 비즈니스, 그리고 우리의 일상에도 그대로 적용되는 말이다. 어떤 조직이든, 가정이든, 개인이든 '원칙'이라는 중심이 사라지면 결국 무너진다.

겉으로는 번듯해 보여도, 정신적인 번영이 없는 성공은 공허하다. 진짜 번영은 우리가 도덕적이고, 깨어 있는 마음으로 살아갈 때 따라오는 결과다. 많은 사람이 돈, 명예, 여유 같은 걸 부의 번영이라고 착각한다. 하지만 정작 그런 것을 모두 다 얻고도 허무해하고 외로움을 느끼는 사람이 얼마나 많은가?

진짜 중요한 건, 그런 외적 성과를 이끌어주는 내면의 힘, 즉 '원칙 있는 삶'이다.

그럼, 부의 번영은 어디서 오는 걸까?

그건 눈에 보이는 돈이나 명품, 예쁜 집에서 오는 게 아니다. 번영은 결국 내면에서 시작된다. 삶을 바라보는 태도, 흔들리지 않는 마음, 그리고 도덕적 힘에서 비롯되어 그것이 결국 풍요와 기쁨이라는 모습으로 겉으로 드러나는 것이다.

예를 들어, 천재적인 작가가 되고 싶다면 단순히 글을 많이 쓰는 것만으론 부족하다. 그보다 더 중요한 건 창조적인 감각과 내면의 깊이를 키우는 것이다. 그러면 자연스럽게 좋은 작품이 따라온다. 마찬가지로, 돈을 모으고 부동산을 사들이는 것만으로는 번영했다고 할 수 없다. 먼저 덕을 쌓고, 사람다움을 기르는 것, 그게 진짜 부자의 시작이다.

미덕이 있는 사람은 그 자체로 기쁨을 품고 있다. 반대로, 돈이나 물건 자체는 아무런 기쁨을 주지 못한다. 생명도 없고 감정도 없으니까.

그렇다면 행복은 어디서 오는 걸까? 당연히 우리 마음속에서부터다. 아무리 많은 걸 가져도, 내 안에 행복을 담아둘 그릇이 없다면 아무 소용이 없다.

물질은 우리가 잘 다스려야 하는 도구이지, 우리가 끌려다녀야 할 대상이 아니다. 내가 물질을 소유해야지, 물질이 나를 소유하게 두면 안 된다. 내가 삶을 이끌어야지, 세상 기준에 이끌려 허덕이면 안 된다. 도덕적 기준과 지혜를 가지고 자기 일을 바르게 해나간다면, 물질적 부는 반드시 따라오게 되어 있다.

"신의 나라는 당신 안에 있다"는 말처럼.

나는 실제로, 진심으로 행복하게 살아가는 부자들을 본 적이 있다. 그들은 관대하고, 따뜻하고, 늘 기분 좋게 웃는 사람들이었다. 하지만 반대로, 돈은 많지만 항상 불행하고 외로운 부자들도 봐왔다. 그들은 자기 안에 기쁨을 키우지 못한 채, 돈만 붙잡고 살아갔다.

수입이 아무리 많아도, 행복하지 않다면 그것이 진짜 부의 번영일까?

행복한 부자는 내면이 충만하기 때문에 물질도 균형 있게 다룰 줄 안다. 반면, 불행한 부자는 텅 빈 마음을 외적인 소유로 채우려 한다. 그래서 번영이란 결국, 도덕성 위에 세워진 삶, 그리고 내가 가진 것을 어떻게 잘 쓰고 나누느냐로 완성되는 것이다.

외부에서 자유롭고 싶다면, 먼저 내면이 자유로워야 한다. 마음이 이기심과 두려움에 얽매여 있다면, 아무리 돈이 많아도 결국 돈에 끌려다니는 인생이 될 뿐이다. 그때 돈은 자유의 도구가 아니라, 나를 속박하는 쇠사슬이 된다.

겉으로 번듯해 보이는 성공이나 부는 사실 보이지 않는 내면의 힘에서 비롯된다. 마치 어떤 건물이 오랫동안 잘 서 있다는 건, 그 아래 단단한 기초가 있다는 뜻이다. 눈에 보이지는 않지만 기초 공사가 되어 있어야 건물이 무너지지 않듯, 우리가 이루는 모든 '지속 가능한 성공' 뒤에는 반드시 정신적이고 도덕적인 기반이 자리 잡고 있다.

그 기반은 다름 아닌 인격이다. 어떤 외적인 조건도, 넓은 세상을 다 뒤져봐도 인격 말고는 진정한 번영의 토대를 대신할 수 없다.

진짜 부는 단순히 '돈이 많다'가 아니다. 그보다는 복지, 평안, 건강, 안정감, 그리고 마음의 충만함이 있는 삶이다. 만약 부자가 되었는데도 늘 불안하고, 욕심과 비교 속에서 괴롭다면 그건 '진짜 부자'라고 할 수 없다. 오히려 그 돈이 짐처럼 느껴지고, 자기를 얽매는 족쇄가 될 수도 있다.

반면, 도덕적으로 성숙한 사람은 항상 축복 속에 살아간다. 혹시 인생의 한 부분에서 실패했더라도, 인생 전체로 보면 결국 조화롭고 건강하게 완성된다. 양심이 편안하고, 명예로우며, 따뜻한 성품이 있는 사람은 그 자체로 삶의 질이 높고 풍요롭다. 그리고 이런 삶에는 수많은 좋은 일들이 따라오게 마련이다.

그러니 도덕적인 내면 없이 얻게 된 돈이나 성공은, 결국 마음 한편을 공허하게 만들 수밖에 없다. 진짜 번영이란, 내면에서부터 차오르는 충만함과 그것을 삶에 제대로 녹여내는 능력이라는 것.

여덟 개의 기둥 — 진짜 번영을 지탱하는 내면의 힘

• 에너지: 스스로에게 '지금 이 일을 끝내야 해'라고 말하며 움직이게 만드는 힘이다. 피곤해도 아이를 챙기고, 출근하고, 해야 할 일을 해내는 그 끈기를 말한다. 방향이 분명할 때, 에너지는 배가 된다.

• 절약: 시간, 돈, 감정, 생각을 흩뜨리지 않고 '중요한 것'에 집중하는 힘이다. 불필요한 소비나 감정 낭비 대신 나를 위한 자산(시간, 집중력)을 지키는 것. 정신력은 내면의 자본이다. 흩뿌리지 말고 모아야 한다.

• 정직: 정직함을 어떤 상황에서도 포기하지 않는 태도를 말한다. 작은 약속도 지키고, 손해를 보더라도 원칙을 저버리지 않는 것처럼, 신뢰는 '항상'과 '일관됨'에서 만들어진다.

• 체계: 복잡한 일상을 질서 있게 정리하고 균형을 잡는 능력이다. 할 일 목록을 정리하고, 마음이 산만해지지 않게 루틴을 관리하는 것처럼 '정리된 삶'은 더 많은 여유와 창의성을 준다.

• 공감 능력: 사람들의 마음을 따뜻하게 이해하고 받아들이는 능력이다. 내 입장만 주장하지 않고, 가족이나 동료의 감정을 헤아리는 것으로, 공감은 타인과의 '연결된 삶'을 만든다.

• 진실성: 겉과 속이 다르지 않은, 언제 어디서나 한결같은 마음과 태도를 말한다. 혼자 있을 때도 스스로에게 부끄럽지 않게 행동하는 것이다. 그렇기에 진실한 사람은 어디서든 신뢰받는다.

• 정의: 내 입장뿐 아니라 '모두에게 옳은 일'이 무엇인지 헤아리는 힘이다. 친구 사이 혹은 직원들 사이 다툼에서 한쪽만 감싸지 않고 공정하게 판단하려는 마음이다. 정의는 내 편이 아니라 옳은 편을 드는 것이다.

• 자기 신뢰: 남의 평가나 소유물에 흔들리지 않고, 내 내면의 힘을 믿는 것이다. 일이 잘 안 풀려도, 돈이 줄어도 "괜찮아, 난 할 수 있어"라고 말하는 마음으로, 자기 신뢰가 있을 때, 바깥 상황에 휘둘리지 않는다.

이 여덟 가지 중 단 하나라도 약해진다면, 당신의 인생은 그 지점부터 금이 갈 것이다. 많은 사람이 "나는 너무 착해서 실패했어"라고 말하지만, 착함은 실패의 이유가 아니다.

실패는 언제나 약한 기둥에서 비롯된다. 예를 들어, 에너지가 부족하면 시작 자체를 못 하고, 절약이 없으면 정작 중요한 일에 자원이 고갈되고, 체계가 없으면 실행력이 떨어지고, 정직하지 않으면 신뢰가 무너진다.

즉, 당신의 인생이 계속 흔들린다면, 그것은 당신의 '강점'이 약해서가 아니라 '약점'을 방치했기 때문이다.

특히 첫 네 기둥 — 에너지, 절약, 정직, 체계 — 는 기초 공사와 같다. 이게 약하면 아무리 멋진 비전, 고상한 가치, 좋은 아이디어가 있어도 오래가지 못한다. 반면, 이 기초가 단단하다면, 나머지 네 기둥(공감 능력, 진실성, 정의, 자기 신뢰)은 자연스럽게 따라오게 되어 있다.

당신은 어디서부터 무너지고 있는가?

당신이 성공하지 못한 이유를, 당신이 부자가 되지 못한 이유를 '성격 탓', '환경 탓', '운 탓'으로 돌리지 말자. 기둥이 부족했을 뿐이다.

이제 각 기둥을 하나하나 세우며, 무너졌던 인생을 다시 세울 시간이다. 성공은 준비된 자의 몫이다. 준비는 기둥을 세우는 데서 시작된다. 상업이든, 예술이든, 전문직이든, 당신이 어떤 분야에 종사하고 있든 간에 성공하고 싶다면 반드시 지켜야 할 원칙이 있다.

그건 다름 아닌 '에너지, 절약, 정직, 체계', 이 네 가지 기둥이다. 단순히 한두 번 성공하는 건 어렵지 않다. 진짜 중요한 건 성공을 유지하고, 거기서 더 나아가는 것이다. 그러려면 인생의 토대를 도덕적 원칙 위에 세워야 한다. 힘든 일이 생길수록 원칙을 지키는 사람이 결국 승리한다. 그리고 어떤 유혹 앞에서도 "이익보다 원칙을 우선시하겠다"는 내적 결단이 있어야 한다.

원칙을 버리면, 결국 자신을 악한 영향력에 노출시키는 꼴이 되고 만다. 영혼은 상처 입고, 주변의 신뢰는 무너지며, 당신 자신도 길을 잃게 된다. 그러나 앞서 말한 네 가지 기둥을 제대로 세운 사람은 어떤 일을 하든 흔들리지 않는다.

그 사람이 짓는 인생의 구조물은 튼튼하고 안전하며 오래간다. 이 네 가지는 특별한 지능이나 재능이 필요한 것이 아니다. 의지만 있다면 누구나 실천할 수 있을 만큼 단순하다. 아이도 이해할 수 있을 정도로 명확한 원칙이다.

하지만 여기에는 한 가지 전제가 있다. 바로 '극기와 자기 규율'. 그것 없이는 아무것도 실현되지 않는다.

반면, 뒤에 이어지는 네 기둥(공감 능력, 진실성, 정의, 자기 신뢰)은 더 고차원적인 특성이다. 실천하기도 어렵고, 완성하려면 더 큰 자기희생과 내적 성숙이 필요하다.

많은 사람이 이 경지까지는 이르지 못하지만, 조금이라도 이 기둥들을 쌓아 올린 사람은 삶 전체에 지대한 영향력을 미치게 된다. 이들은 단지 성공을 넘어, 영혼이 풍요로운 삶을 살아간다. 그리고 그들이 지은 '번영의 신전'은, 세월이 흘러도 사람들의 마음에 영감을 주는 위대한 유산이 된다.

그런데, 이런 신전을 짓는 데는 시간이 걸린다는 것을 기억해야 한다. 하루아침에 완성되지 않으며, 벽돌 하나하나를 정성껏 쌓는 인내와 끈기가 필요하다. 외적으로는 아무 일도 없어 보일 수 있다.

하지만 내부에서는 분명히, 조용하고 단단하게 신전이 세워지고 있는 것이다. 마치 솔로몬 성전이 7년에 걸쳐 지어졌지만, 그 과정에선 망치 소리조차 나지 않았던 것처럼.

당신도 지금, 조용히 그러나 확실하게, 자기 인격이라는 신전을 지어가고 있다. 끝없이 흔들리는 감정이나 이기적인 욕망에 휘둘리는 인생에서 벗어나자.

묵묵히, 한 걸음씩 나아가라. 그리고 언젠가, 그 누구도 무너뜨릴 수 없는 인생의 토대를 완성하라. 바로 진리 위에 세워진 인생, 그것이 바로 당신이 쌓아 올릴 진짜 번영의 신전이다.

완전하게 부의 번영을
지속하는 길

"사람을 가장 사람답게 인도하는 힘은
의지력에 달려 있다.
기둥이 약하면 집이 흔들리듯
의지가 약하면 생활도 흔들린다."

― 랠프 왈도 에머슨

11장

의지력이 인생을 바꾼다

위대한 사람과 평범한 사람의 근본적인 차이는 무엇일까?
바로 '사고의 차이'와 '의지력의 차이'다.
올바른 사고를 하되, 그것을 끝까지 밀고 나가는
의지가 있어야 하는 것이다.

평범한 사람과 위대한 사람의 차이는 단순한 능력의 차이가 아니다. 그것은 바로 '생각의 깊이'와 '끝까지 밀고 나가는 의지력'의 차이다. 세상에는 좋은 생각을 하는 사람은 많지만, 그 생각을 실현할 만큼 끈기 있는 사람은 드물다. 결국 삶을 바꾸는 건 단단한 의지다.

우리는 모두 생각하며 살아간다. 그리고 삶은 결국, 내가 어떤 생각을 하느냐에 따라 결정된다. 이 단순한 진리를 제대로 받아들이는 순간, 우리는 더 깊은 지혜의 길로 들어서게 된다. 그리고 이 길은 자기 이해와 인생의 완성으로 향한다.

삶을 진지하게 바라보려면, 먼저 현실을 직시해야 한다. '나는 마음만은 고결해'라는 식으로 생각의 본질을 외면한 채, 실제 삶과 괴리된 이상에만 머무르면 자기 자신을 객관적으로 볼 수 없다. 정신적인 성장은 자기 생각이 삶에 어떻게 투영되고 있는지를 들여다보는 데서 시작된다.

우리는 종종 스스로를 '생각이나 감정과는 별개인 존재'라고 믿고 싶어 한다. 하지만 현실 속의 우리는 철저히 우리의 사고와 감정, 의지가 반영된다. 우리의 삶은 곧 우리의 생각과 행동의 누적 결과물이다.

빛, 색, 반짝임을 분리할 수 없듯이, 의식과 사고, 인생은 하나로 연결된 개념이다. 이 세 가지는 우리가 현실을 이해하는 가장 근본적인 틀이며, 인생을 이해하는 핵심 키워드다.

사람은 언제나 변화하는 존재다. 우리는 완성품이 아니라, 끊임없이 성장하고 진화하는 중이다. 우리의 오늘은 어제의 생각이 만든 결과이며, 우리의 내일은 오늘의 선택에 따라 바뀐다. 매 순간의 사고와 경험이 성격을 바꾸고, 작은 결심 하나하나가 내 정신을 재구성한다.

잘못된 생각과 습관은 점차 나를 나쁜 방향으로 끌고 간다. 하지만 올바른 생각과 의지를 가진 사람은 그 반대의 길을 걷는다. '사람은 변화한다'는 사실은 누구에게나 동일하게 적용된다. 따라서 어떻게 변화할지를 의도하고 선택하는 것이 무엇보다 중요하다.

우리는 살아 있는 한 생각하고 행동하게 된다. 그것은 곧 변화의 연속이다. 그러나 사고의 본질을 이해하지 못하면 변화는 방향을 잃고, 때로는 후퇴하기도 한다. 사고의 본질을 꿰뚫는 사람은 변화의 흐름을 주도하며, 원하는 방향으로 자신을 이끌 수 있다.

진짜 나로 살아가고 싶은가? 그렇다면 생각의 방향부터 점검하라. 어떤 생각을 반복하느냐에 따라 당신은 매일 새롭게 만들어진다. 삶을 바꾸고 싶다면, 의지를 가지고 사고의 틀부터 다시 짜라. 결국, 삶이란 우리가 선택한 생각과 태도의 총합이다.

마음을 정화시켜야 한다

모든 진정한 정신적 가르침은 한 가지 목적을 갖고 있다. 바로 우리의 '생각'을 정화하고, 마음을 맑게 하는 것이다. 이 방향으로 나아가는 데 성공했을 때 우리는 진정한 내면의 회복과 해방을 경험한다. 그것은 지금의 혼란스럽고 불안한 사고에서 벗어나, 더 맑고 고요한 의식 상태로 나아가는 여정이다.

하지만 오늘날 정신적 가르침을 말하는 이들 중 상당

수는 그 본질을 놓치고 있다. 허황된 이론과 자기중심적인 주장들로 머릿속을 채운 채, 정작 중요한 진실은 외면한 채 살아간다. 이런 말들은 마음을 일으키기보다 혼란만 더하고, 결국 우리 삶을 변화시키지 못한다.

반면, 시대를 초월한 지혜를 남긴 현자들은 늘 같은 이야기를 전한다. 마음을 정화하고, 올바르게 생각하고, 바르게 행동하라는 것이다. 그렇게 할 때 우리는 지금보다 더 깊은 통찰과 강한 의지력, 그리고 삶을 변화시킬 수 있는 내면의 힘을 갖게 된다.

정신적으로 성장하기 위해 시대를 막론하고 실천되어 온 세 가지 방법이 있다. 바로 향상심, 명상, 그리고 헌신이다. 향상심은 나를 더 나은 방향으로 이끄는 열망이다. 명상은 내면을 들여다보며 정화하는 시간이고, 헌신은 나보다 더 큰 가치에 나를 맡기는 태도다.

구약성경의 한 구절에서도 이렇게 말한다. "그 마음의 생각이 어떠하면 그 위인도 그러한즉."(잠언 23장 7절) 결국 사람은 마음속에서 무엇을 생각하느냐에 따라 그 존재 자체가 결정된다. 생각을 바꾸면, 삶도 바뀐다.

새로운 사고 습관을 세우면 새로운 자신이 될 수 있다. 더 이상 반복되는 후회, 어리석은 행동에 휘둘리지 않고, 나를 괴롭히는 감정에서 벗어나게 된다. 단순히 좋은 사람을 흉내 내는 것이 아니라, 스스로의 깊은 내면에서 솟아나는 힘을 믿고 따르는 것. 그것이 진정한 변화의 시작이다.

현자는 사고의 지배자

우리 대부분은 외부의 자극에 반응하면서 하루를 시작한다. 누군가의 말 한마디, 갑작스러운 상황, 스마트폰 속 정보들 — 이런 것들이 우리 생각의 방향을 결정짓곤 한다. 그리고 우리는 그런 생각의 흐름에 충동적으로 이끌리며, 변화는커녕 같은 자리를 맴돈다.

하지만 현명한 사람은 다르다. 그는 자극에 반응하기보다 스스로 생각을 선택한다. 자신이 가야 할 길을 결정하면, 그 길을 흔들림 없이 걸어간다. 바로 '의지력'의 힘으로.

많은 사람이 자기 마음이 지금 어떤 상태인지조차 잘 모른다. 그래서 생각에 끌려다니며 사소한 기분, 충동, 욕망에 의해 방향을 잃는다. 반면, 현자는 마음의 상태를 늘 관찰하고, 생각의 주도권을 자신이 쥐고 있다.

그는 충동을 다스릴 줄 알고, 눈앞의 즐거움이 아닌 더 근본적이고 옳은 방향을 선택한다.

충동은 쉽게 우리를 유혹한다. 짧은 쾌락, 순간의 감정 해소는 달콤하다. 그러나 그런 선택은 결국 후회와 혼란을 남긴다. 반대로, 원칙과 법칙을 따르는 삶은 단단하다. 처음엔 어렵지만 시간이 지날수록 더 깊은 만족과 안정감을 준다.

현자는 진실과 거짓을 분명히 구별할 수 있다. 그리고 삶의 원리를 이해하고, 그것을 실천하는 데 주저하지 않는다. 하지만 우리 모두 그럴 수 있다. 누구나 마음의 눈을 뜨고, 사물의 본질을 꿰뚫어 볼 수 있다. 선택은 결국 자신에게 달려 있다.

현자는 침착하고 안정적이며, 내면에서 빛이 난다. 보통 사람은 흔들리고 불안하지만, 그 본질이 다르지는 않다. 다만 어떤 생각을 선택하느냐에 따라 그 삶이 달라질 뿐이다.

지금 이 순간부터라도, 충동을 멈추고 더 나은 생각을 선택해 보길 바란다. 어리석은 생각을 하나씩 떨쳐낼 때마다, 당신은 점점 더 현명한 사람으로 거듭나게 될 것이다.

클로드 모네, 〈해바라기 꽃다발〉

현명한 사고를 선택하면 현자가 된다

소크라테스는 "덕은 지혜에서 비롯된다"고 말했다. 단지 많이 아는 것만으로는 부족하다. 진짜 지혜란, 배운 것을 실제 삶에서 어떻게 적용하고 행동하느냐에 달려 있다.

우리는 종종 높은 학력을 가진 사람이 어리석은 결정을 내리는 모습을 본다. 단지 지식만으로는 인생의 복잡한 상황을 이겨내기 어렵기 때문이다. 중요한 것은 '지식의 양'이 아니라, '지식을 어떻게 쓰는가'이다. 삶 속에서 현명하게 선택하고 행동하는 능력이야말로 진짜 배움의 증거다.

지식은 혼자 빛날 수 없다. 순수하고 고결한 사고 위에 놓일 때 비로소 의미가 생기고, 우리 내면에 평안과 확신을 준다.

결국, 어리석음과 지혜, 무지와 깨달음은 모두 '사고'에서 비롯된다. 생각은 원인이 되고, 결국 결과를 만들어 낸다. 지금 우리가 겪고 있는 인생의 모습은, 어쩌면 우리가 지난날 품어온 생각들의 집합일지도 모른다.

"모든 일은 마음에서 비롯된다.
마음에서 나와 마음으로 이루어진다.
나쁜 마음을 가지고 말하거나 행동하면
괴로움이 그를 따른다.
수레바퀴가 마소의 발자국을 따르듯이."
―《법구경》제1장 1절

삶은 선택의 연속이다

우리는 흔히 "영혼을 가지고 있다"고 말하지만, 사실 사람은 영혼을 소유하는 존재가 아니다. 사람 그 자체가 영혼이다. 우리가 느끼고, 생각하고, 행동하는 모든 것이 곧 우리 자신이자 우리의 영혼이다.

기쁨과 슬픔, 욕망과 불안, 사랑과 분노 ― 이 모든 정신적 요소들은 외부에서 온 것이 아니다. 그것들은 바로 내가 만든 것들이다. 그리고 그것들이 모여 지금의 나를 이루고 있다. 우리의 의식은 현실과 분리된 신비한 도구가 아니라, 현실을 살아가는 바로 그 '나'이다.

스스로를 바꾸고 싶다면, 먼저 '있는 그대로의 나'를 바라봐야 한다. 지금까지 우리가 쌓아온 '현실을 외면한 환상의 세계'에서 벗어나야만 진짜 자아를 마주할 수 있다. 현실을 있는 그대로 받아들일 준비가 되어 있을 때, 우리는 비로소 자기 자신을 정확하게 이해할 수 있다.

그다음은 선택이다. 우리는 언제든 새롭게 생각하고, 새롭게 행동할 수 있다. 지금 이 순간에도 우리는 선택의 기로에 서 있다. 한 번의 선택, 하나의 사고, 단 하나의 결심이 인생을 완전히 바꿔 놓을 수 있다. 그것이 곧 의지력의 시작이며, 진정한 변화의 문턱이다.

12장

정신적 가치와 물질적 가치를 구분해야 한다

세상의 모든 물건에는 가격이 매겨져 있다.
물질적인 것에는 물질적인 가격이 있고,
정신적인 것에는 정신적인 가격이 있다.

물질과 정신의 대가

"모든 물건에는 가격이 있다"는 속담은 물질적인 거래에서 널리 알려져 있다. 우리는 흔히 물건을 구매할 때 일정한 가격을 지불하며, 그에 상응하는 물건을 받는다. 그러나 정신적인 가치에 대해서는 이런 거래 방식을 그대로 적용할 수 없다는 사실이 종종 간과된다.

정신적인 가치는 물질적인 가격과는 다른 형태로 대가를 치러야 한다. 예를 들어, 우리는 시장에서 상품을 사고팔 때 일정한 금액을 주고받지만, 진리나 지혜를 얻고자 할 때는 돈을 지불한다고 해서 원하는 만큼의 지혜나 신앙을 바로 얻을 수는 없다. "1만 원어치의 신앙과 진실, 지혜를 주세요"라고 말하면, 우리는 그것이 실현될 수 없다는 것을 잘 알고 있다.

정신적인 것을 얻기 위해서는 물질적인 교환이 아

닌 다른 형태의 대가가 필요하다. 진정한 현자는 이 점을 이해하고 있으며, 우리가 지불해야 할 대가는 단순히 돈이 아니라 우리의 '자기 본위적인 마음'을 내려놓는 것이다. 이기적인 욕망과 자의식에서 벗어나, 진정한 깨달음과 지혜를 추구하는 마음가짐이 필요한 것이다. 그러므로 우리가 진정으로 얻고자 하는 고귀한 정신적 가치는 마음의 변화를 요구하며, 그것을 위한 대가는 바로 자신의 마음에서 찾을 수 있다.

자기중심적인 마음을 내려놓는다면, 우리는 신앙, 진실, 지혜와 같은 정신적 자양분을 얻을 수 있다. 이는 물질적인 것처럼 사라지지 않으며, 우리가 얻은 것은 영원히 우리의 일부가 된다. 반면, 물질적인 것은 언제든지 소멸하고 사라진다. 음식과 의복은 시간이 지나면 없어지지만, 정신적인 가치는 우리의 삶을 더욱 깊이 있게 만들어주며, 그것은 결코 사라지지 않는다.

이 법칙은 누구에게나 적용된다. 평범한 사람이나 고상한 사람 모두에게 동일하게 존재하는 진리다. 이 법칙은 눈에 보이지 않을 수도 있지만, 그 존재는 확실하다. 우리가 물질적인 대가를 지불하는 것처럼, 정신적 가치를 얻기 위한 대가도 분명히 존재하며, 그것을 이해하고 실천하는 순간, 우리는 더 깊은 깨달음을 얻게 될 것이다.

돈과 마음의 진짜 의미

우리는 종종 돈을 모으는 데만 몰두한다. 하지만 돈은 그 자체로 목적이 아니라 '교환'의 수단일 뿐이다. 상인이 물건을 팔고 돈을 받듯이, 우리 모두는 이 세상에서 무언가를 주고받으며 살아간다. 물질이든 감정이든, 삶의 모든 영역은 교환의 법칙 위에 서 있다.

예를 들어, 좋은 음식을 먹고 싶다면 돈을 지불해야 하고, 건강한 몸을 유지하고 싶다면 시간과 노력을 투자해야 한다. 그런데 정신적인 영역도 마찬가지다.

진심 어린 배려 없이 진정한 사랑은 오지 않고, 상대의 기쁨을 생각하지 않는 이기적인 마음에는 결코 깊은 평화가 깃들 수 없다. 돈을 움켜쥐는 데만 집착하는 사람은 결국 삶 전체에서 '받기만 하고 주지 않는' 태도로 일관하게 된다.

그러면 언젠가 반드시 허전함과 외로움, 의미 없음이라는 벽에 부딪히게 된다.

반면, 돈을 흐르게 하고, 마음을 나누는 사람은 자신의 삶에 풍요와 연결, 그리고 만족을 불러온다.

마음에도 교환의 법칙이 존재한다

정신적인 풍요 역시 주는 것으로부터 시작된다. 상냥함, 배려, 진심, 공감 같은 마음의 자산을 먼저 내어줄 때 비로소 우리는 그 대가로 진짜 행복을 얻게 된다.

그리고 그 행복은 혼자만 누리는 게 아니다. 서로 나누고 함께 공명할수록 더 커지는 것이 바로 정신적인 부의 속성이다.

자기만의 기쁨에만 집착하는 사람은 돈 많은 수전노처럼 마음도 궁핍해질 수밖에 없다. 항상 뭔가 부족하고, 이유 없이 허전하며, 행복을 얻었다고 믿어도 오래가지 못한다. 진짜 마음의 부자가 되려면, "어떻게 더 많이 가질까"가 아니라 "어떻게 더 많이 나눌까"를 생각해야 한다.

정신적인 가르침과 수많은 철학자가 말하는 핵심은 결국 하나다. 바로 "정신적인 은혜를 서로 교환하며 살아가는 삶"이다. 나눌 줄 아는 마음이 곧 당신을 진짜 부자로 만들어 줄 것이다.

진짜 부자만 아는 정신적 교환의 법칙

"정신적인 은혜를 많은 사람과 나눈다."

이 말은 말처럼 쉬워 보이지만, 실제로 실천하려면 마음을 다잡고 오래 연습해야 하는 삶의 지혜다.

그렇다면 정신적인 은혜란 무엇일까?

그것은 따뜻한 말 한마디, 이해심 있는 눈빛, 끝까지 포기하지 않는 인내, 신뢰와 온화함 같은 보이지 않는 선물이다. 상냥함, 우애, 친절, 배려, 강인함, 무한한 자비와 영원한 사랑 ― 이 모든 것은 사람의 영혼을 살리는 미덕이며, 누군가의 삶에 깊은 위안과 기쁨을 주는 정신적 자산이다.

하지만 이런 은혜는 그냥 생기지 않는다. 얻으려면 반드시 대가를 지불해야 한다. 그 대가는 무엇일까?

불친절, 무자비함, 의심, 적대심, 분노, 질투, 이기심 같은 낡고 불필요한 감정들이다. 이런 것들을 내려놓는 순간, 우리는 비로소 더 맑고 따뜻한 마음을 받아들이게 된다.

마치 상인에게 돈을 주고 물건을 사듯, 우리는 내 안의 어두움을 포기하고 그 대신 밝고 단단한 마음을 얻는 것이다. 그 교환은 언제나 균형과 만족을 가져온다.

한 번 누군가에게 진심 어린 선물을 해본 경험이 있다면 알 것이다. 선물을 건네주며 "이거 다른 걸로 바꿔줄래"라고 말하지 않듯, 내가 내어준 상냥함과 배려에 대해서도 다시 돌려받으려는 마음은 생기지 않는다. 그저 주는 것만으로도 충분히 기쁘고 만족스럽기 때문이다.

더 나아가, 물질적인 선물조차도 사실은 정신적인 기쁨을 표현하는 도구에 불과하다. 주는 사람은 '주는 즐거움'을 느끼고, 받는 사람은 '받는 감동'을 느낀다. 그 자체로 이미 정신적인 은혜가 오갔다는 증거다.

이처럼 마음을 나눈다는 것은 무엇보다도 내 안의 불필요한 것을 내려놓고, 보다 나은 나로 성장하기 위한 교환이다.

누군가와 마음을 나누는 모든 순간, 당신은 조금 더 부유해지고, 조금 더 평온해진다. 그리고 그 따뜻한 에너지는 결국 다시 당신에게 되돌아온다. 더 큰 기쁨과 더 깊은 행복이 되어.

진짜 가치는 돈으로 살 수 없다

"참새 두 마리가 한 앗사리온에 팔리지 않느냐."

성경의 이 구절은 단순히 새 한 마리의 가격을 말하는 것이 아니다. 세상 모든 것에는 그 나름의 '가치'가 있다는 뜻이다. 물질적인 것은 물질의 값으로, 정신적인 것은 정신의 값으로 거래된다. 하지만 우리는 종종 이 둘을 혼동한다.

예를 들어, 누군가의 배려나 진심을 돈으로 살 수 있다고 생각하거나, 단순한 물질적 성공이 곧 내면의 성숙과 행복을 보장한다고 믿는다. 이런 태도는 위험한 착각이며, 결국 독선과 자기중심성으로 흐르게 된다.

배려, 친절, 사랑, 신뢰 같은 정신적 자산은 '조건 없이' 주고받는 것이다. '내가 이렇게 했으니, 너도 뭔가 해줘야지'라는 마음이 생긴다면, 그 순간 이미 진정한 나눔이 아니며, 그 마음은 거래로 바뀌고 만다.

누군가에게 선물을 줄 때도 마찬가지다. 진심으로 베풀면, 조건을 따질 필요도 없다. 그 마음은 눈에 보이지 않는 방식으로 반드시 돌아온다.

진심이 진심을 부르고, 사랑이 사랑을 끌어내기 때문

이다. 세상은 생각보다 훨씬 더 정교하게 균형 잡힌 질서로 움직이고 있다.

내가 내어준 만큼 돌아오고, 내가 움켜쥐려 할수록 오히려 마음은 메말라간다. 그러므로 진짜 가치를 얻고 싶다면, 마음을 먼저 내주어야 한다.

독선과 자기중심적인 생각을 내려놓을 때, 비로소 더 큰 기쁨과 깊은 만족이 당신에게 찾아온다.

이 세상은 본래 공평하게 설계되었다. 이 공평함을 깨닫는 순간, 의심과 불안은 사라지고 남는 것은 오직 깊은 감사와 벅찬 기쁨뿐이다.

13장

감정에 휘둘리지 않고, 나를 지키는 힘

'사물을 왜곡하지 않고 보는 능력'은
'사물을 있는 그대로 보는 능력'이라고 말할 수 있다.
우리는 이기적인 인생에서 벗어나
이 능력을 길러 나가야 한다.

살다 보면 참 많은 감정에 휘말리게 된다. 어느 날은 사소한 말 한마디에 마음이 무너지고, 어느 날은 이유 없이 불안하고 초조해진다.

하지만 그런 감정의 파도 속에서 우리가 꼭 붙잡아야 할 것이 하나 있다. 바로 '있는 그대로 보기'의 힘이다.

우리는 종종 사물이나 사람, 상황을 있는 그대로 보지 못하고 '내 기대', '내 감정', '내 입장'이라는 필터를 통해 보곤 한다. 이 필터는 때때로 상황을 왜곡시키고, 불필요한 오해나 상처를 만들어 낸다.

예를 들어, 누군가 인사를 하지 않았을 때, '내가 싫은 가?'라는 생각부터 드는 건 사실 상대보다 내 마음속 감정이 먼저인 경우가 많다. 이럴 땐 그 상황을 있는 그대로 보려는 연습이 필요하다.

'오늘 저 사람도 무슨 일이 있었나 보네.'

이렇게 한 번 더 바라보는 힘. 그게 바로 마음의 여유

이자 지혜다. 심리적으로 불안하고 지칠수록, 사소한 일에 더 민감해지고 생각이 부정적으로 흐르기 쉽다.

그러나 이럴수록 '나의 감정'과 '현실'을 구분해서 보는 훈련이 필요하다. 있는 그대로 보려는 태도는, 우리 삶을 혼란에서 평온으로 바꿔주는 강력한 내적 힘이다. 감정에 끌려다니지 않고, 상황에 압도당하지 않으며, 나를 나답게 지킬 수 있게 해준다.

물론, 이건 하루아침에 완성되지 않는다. 하지만 매일 조금씩 연습하다 보면, 다시 평정심을 되찾고, 내 삶의 중심을 내가 잡을 수 있게 된다.

이제는 세상의 기준이 아니라, 내면의 시선으로 세상을 바라보자. 다른 사람의 말 한마디보다, 내 안의 평온함이 더 중요하다. 결국 삶을 살아가는 힘은 바깥이 아니라 내 안에 있기 때문이다.

사람은 왜 괴로울까

왜 이렇게 불안하고 괴로울까, 왜 이렇게 마음이 복잡하고 무거울까 — 살다 보면 누구나 한 번쯤, 아니 자주 드는 생각이다.

슬픔, 걱정, 분노, 공허함… 이런 감정들이 우리 삶에 자주 찾아오는 이유는 모든 일이 내 뜻대로 되지 않기 때문이다. 그리고 종종, 무언가를 지나치게 원하기 때문에 생기는 경우도 많다.

지나간 슬픔을 떠올려 보자. 그때는 세상이 무너지는 것 같았지만 시간이 지나고 나서 보면 '왜 그렇게 괴로워했을까' 싶을 정도로 별일 아닌 경우가 많다. 우리는 괴로울 때, 잃어버린 것만 보고 가진 것은 보지 못한다.

슬픔이라는 감정 하나에만 집중하다 보면 인생 전체를 보는 눈이 흐려지고, 사물의 '진짜 크기'조차 가늠하지 못한다. 그래서 때때로, 어릴 적 혹은 젊은 시절의 고민을 돌아보면 피식 웃게 된다.

'그때 왜 그렇게 심각했지?' '그 일은 지금 생각하면 아무 일도 아니었는데….'

마음이 감정에 휘둘리는 순간, 우리는 현실을 제대로 보지 못하게 된다. 그럴 땐 아무리 눈을 뜨고 있어도 사실은 마음이 잠들어 있는 상태와 다름없다. 마치 악몽 속에서 꿈을 꾸는 것처럼.

우리는 지금도 내 마음을 뒤흔드는 사건들로 힘들어하고, 두려워하고, 슬퍼하고 있지만 — 언젠가 이 시간조차 돌아보며 웃을 수 있는 날이 올 것이다.

그러니 지금 이 순간, 감정이 휘몰아칠수록 한 걸음 물러나 이렇게 자신에게 물어보라.

'정말 이게 그렇게 큰일일까?'

'5년 뒤에도 이 감정이 지금처럼 무겁게 느껴질까?'

감정이 지나가고 나면, 우리는 다시 중심을 되찾게 될 것이다. 그리고 그때마다 당신은 조금 더 단단해질 것이다. 조금 더 지혜로워질 것이다.

사물의 본질을 보는 힘

어떤 사람의 말은 이유 없이 거슬리고, 어떤 의견은 듣기도 전에 틀렸다고 느껴질 때가 있다.

그럴 때 이렇게 말한다. "그 사람이 싫어서 그래." "그 사람은 원래 그렇잖아."

하지만 이런 감정의 뿌리는 대부분 선입견이다. 그리고 그 선입견은 우리가 사물을 '있는 그대로' 보지 못하게 만든다. 예를 들어, 어떤 이들은 자신과 같은 편, 같은 생각을 가진 사람은 무조건 옳고, 다른 편, 다른 생각을 가진 사람은 뭐든 틀렸다고 여긴다.

이렇게 흑백으로 나누는 시선은 문제를 제대로 보지 못하게 만들고, 결국 자기 확신 속에 갇혀 판단 오류를 낳는다.

공정한 판단을 하기 위해서는 감정에서 조금 떨어져 균형 감각을 길러야 한다. 누군가를 이해하려는 노력 없이 내가 옳다고 주장하는 것만으로는 진짜 정의에도, 평화에도 다가갈 수 없다.

예술가들은 쓰러진 나뭇가지 하나에서도 아름다움을 찾는다. 일반 사람에게는 평범하거나 거슬릴 수 있는 것들조차 그들의 눈에는 자연의 조화와 질서로 보이는 것이다.

우리도 마찬가지다. 삶의 어려움 속에서도 의미를 발견하고, 피하고 싶은 일조차도 나를 단단하게 만들어줄 계단이라 여길 수 있다면 그만큼 성장한 거다.

문제를 만났을 때 어떤 사람은 한숨부터 쉬고, 어떤 사람은 원망부터 한다. 하지만 사실 우리를 힘들게 하는 건 그 '문제 자체'가 아니라 그 문제를 바라보는 내 마음의 프레임이다.

사물을 왜곡하지 않고 보는 힘, 감정에 치우치지 않고 중심을 지키는 균형 감각은 그 자체로 깊은 정신적인 훈련이자 삶의 기술이다. 이 균형을 익히면 이전엔 쉽게 흥분하거나 반감 들던 상황도 조금 더 온화하게 바라볼 수 있게 된다.

우리는 모두 내가 옳고, 네가 틀렸다고 말하던 시절을 지나 이제는 "우리 둘 다 다를 뿐"이라고 말할 수 있는 그런 넉넉한 사람이 되어가는 중이다.

그 마음의 중심이 잡히는 순간, 우리 안에도 고요가 찾아온다. 그리고 그 고요함은 삶의 진짜 조화가 어디에서 오는지를 알게 해준다.

내 마음에 중심을 세우는 힘

우리는 하루에도 수없이 많은 판단을 내리며 살아간다. '이 옷이 나에게 어울릴까?' '이 말은 어디까지 믿어야 할까?' '지금 내 기분은 맞는 걸까, 지나친 걸까?'

그런데 이런 판단이 흐려질 때가 있다. 감정에 휘둘리거나, 편견이 앞서거나, 내가 보고 싶은 것만 볼 때다.

물질적인 것에 대해 정확한 가치 판단을 할 수 있다면, 정신적으로도 더 조화로운 시선을 가질 수 있게 된다. 물건 하나를 고를 때도, 사람 한 명을 만날 때도 내 안의 중심이 단단하다면 외부 자극에 덜 흔들리게 된다.

예술가들은 모든 사물에서 아름다움을 발견한다. 다른 사람은 피하고 싶어 하는 장면도 그들은 자연스러운 섭리로 받아들인다. 그 눈은 사물의 '본질'을 보기 때문이다.

삶도 마찬가지다. 불행해 보이는 순간, 피하고 싶은 사건도 내가 좀 더 깊이 바라볼 수 있다면 그 안에 삶의 중요한 메시지가 숨어 있다는 걸 알게 된다.

문제가 생겼을 때 우리가 걱정하거나 분쟁하게 되는 건 사실 문제 그 자체 때문이 아니라, 그것을 바라보는 우리의 생각과 감정의 틀 때문이다.

'왜 이런 일이 생겼을까?' '왜 나에게만 이런 일이 반복될까?' 하는 생각은, 어쩌면 내 안에 있는 이기적인 기대나 현실을 있는 그대로 받아들이지 못하는 환상에서 비롯된 건 아닐까?

사물의 진짜 가치를 도덕적으로, 넓은 시선으로 인식하려는 훈련이 필요하다. 이 훈련이 쌓이면, 편견이 가득했던 사람도 점점 더 부드럽고 온화한 조력자로 바뀔 수 있다. 예전에는 이해할 수 없었던 사람의 말도 이제는 '그럴 수도 있겠구나' 하고 들어줄 수 있다.

그리고 결국 우리는 알게 된다. 한쪽으로 치우침 없이, 조용히 내 마음을 들여다보며 공정하게 세상을 바라보는 그 시선이 삶에 깊은 평화를 가져온다는 사실을.

14장

나를 방해하는 것은 나 자신이다

인간의 나약함, 죄악, 잘못 등은
결국 자기 마음에서 생겨난 것이다.
이 모든 것이 자기에게 책임이 있다.

마음을 컨트롤하기 위해서는 무엇이 필요할까? 왜 자신의 마음을 완벽하게 컨트롤해야만 하는 걸까?

이것을 이해하기 위해서는 일단 많은 사람이 갖고 있는 뿌리 깊은 착각에서 벗어나야 한다. 그 착각은 바로 '자신의 잘못은 모두 주변에 원인이 있고, 자신은 전혀 나쁘지 않다'고 생각하는 것이다.

'그 사람들이 내 앞길을 방해하지만 않았어도 나는 잘될 수 있었어', '툭 하면 놀기 좋아하는 사람과 함께 있으니 발전을 기대하기는 무리야'라는 식으로 자신의 잘못을 남의 탓으로 여기기 일쑤다.

폭력적이거나 화를 잘 내는 사람은 분노의 상황이 벌어지면 자기 잘못을 언제나 타인의 탓으로 돌린다. 문제가 발생할 때마다 착각에 빠져서 마음의 동요와 경솔함으로 갈피를 잡지 못하고 이리저리 휘둘리게 된다.

뭐든지 남의 탓으로 돌린다면 어떻게 자신의 약점을

클로드 모네, 〈라 그르누예르〉

극복하겠는가? 아예 극복하려는 의지조차 사라질 것이다. 그 대신 자신에게 상황을 유리하게 바꾸려고 하고, 점점 타인에 대한 분노만 커질 것이다. 결국 자신의 불행이 어디서 비롯된 건지는 영원히 모르게 된다.

사람들은, 자신의 부적절한 행동에 대해
자신을 그렇게 부추겼을 상대나
약하고 죄 많은 마음 탓을 하는 법이다.
— 퍼시 셸리, 비극 《첸치》 5막 1장

모든 행동의 책임은 오직 내게 있다

인간의 나약함, 죄악, 잘못 등은 결국 자기 마음에서 생겨난 것이다. 이 모든 것이 자기에게 책임이 있다.

누군가 유혹하거나 꼬드긴다 해도 자신이 거기에 마음을 내어 주지 않았다면 아무 일도 일어나지 않았을 것이다. 유혹하거나 꼬드기는 사람도 어리석지만, 그런 유혹에 넘어가는 자기 역시 공범이 되는 것이다. 즉, 자신이 어리석고 약하다는 증거이며, 그런 모든 성가신 일의 원인은 자신 안에 있다.

진실한 사람은 유혹에 흔들리지 않는다. 현명한 사람은 꼬드김을 당하지 않는다.

'사소한 행동의 모든 책임은 자신에게 있다'라는 것을 완전하게 인식할 때 그 사람은 최고의 지혜와 완전한 평안에 이르는 길을 걷기 시작한 것이다. 왜냐하면 유혹당할 때도 시련을 이겨 내고, 타인이 저지른 잘못된 행위 앞에서도 흔들리지 않는, 자신의 성장을 위한 계기로 삼을 수 있기 때문이다.

참된 미덕을 소유해야 악덕에 물들지 않는다

소크라테스의 아내 크산티페는 입이 거칠기로 소문났지만, 소크라테스는 덕분에 "인내라는 미덕을 기를 수 있었다"고 감사했다.

타인의 단점을 탓하지 말고 자신의 장점으로 승화시켜야 한다. 성격이 급한 사람과 살다 보면 인내력이 길러지고, 이기적인 사람과 생활하면 남을 배려하는 마음이 생겨난다. 이것은 단순하고 알기 쉬운 진리다.

만약 성격이 급한 사람과 함께 있어서 자신마저 급한 성격으로 변한다면 자신이 본래 성격이 급한 사람이기 때문이다. 혹은 이기적인 사람과 함께 있을 때 자신도 이기적인 사람이 된다면 자신 역시 본래 이기적인 사람인 것이다.

시련 앞에서도 자기 탓으로 생각하고 장점으로 승화시키는 미덕을 길러야 한다. 황금이나 보석과 마찬가지로 장점은 갈고 닦을수록 더욱 빛을 발한다.

'나는 미덕을 갖췄다'고 생각해도 그렇지 못한 사람에게 쉽게 굴복해 버린다면 참된 미덕의 소유자가 아니다. 자신이 그 미덕을 완전히 익히고 있는지 수시로 점검해야 할 것이다.

방해하는 것은 나 자신이다

진정 성숙한 인간으로 살고 싶다면 '그들이 나를 방해한다'라는 유약하고 어리석은 사고에서 벗어나 '방해하는 것은 나 자신'이라고 깨달을 수 있어야 한다.

타인의 유혹에 넘어가는 것은 내 자신에게 결점이 있기 때문이다. 이것을 이해하는 순간 지혜의 빛이 비추고 평안으로 가는 문이 활짝 열린다. 비로소 자의식의 정복자가 되는 것이다.

줄리어스 르블랑 스튜어트, 〈첫 번째 봄〉

다른 사람들과 교류하면 방해를 받거나 귀찮은 일이 일어날 것이라고 생각하는 사람이 있다. 이것은 무의식 중에 그런 시련을 받는 걸 당연하게 여겨, 이 시련을 통해 자기 자신을 더 잘 이해하고 어떤 상황에도 흔들림 없음을 확인하고 싶어서다.

책임이 있다는 것은 자기 자신의 마음이며, 그 마음속에는 올바른 일을 행할 힘이 있다. 이것을 이해하고 받아들이면 도저히 넘지 못할 장벽도 가장 가치 있게 여겨질 것이다.

더 이상 자신의 유약한 행동을 타인의 탓으로 돌리지 않고 어떤 상황에서도 견실하게 살아갈 수 있다. 눈앞에서 안개가 사라지듯 착각은 소멸되고 남의 유혹이라고 생각하던 것이 실은 자기를 속이던 것에 지나지 않음을 깨우치게 된다.

흔들리는 자신의 마음을 뛰어넘게 되면 흔들리는 상태에 있는 사람들과도 멀어지게 된다. 대신 자연과 선량하고 순결한 사람들과의 새로운 만남이 시작된다. 그때는 자신이 터득한 고결한 의식이 다른 사람에게도 깨달음을 주게 될 것이다.

"숭고하라!
그러면 다른 사람의 마음속에서
그저 잠들어 있을 뿐인 숭고한 의식이
위엄 있게 힘차게 일어서면서
그대의 숭고한 의식과 마주 보리라."
― 제임스 로웰, 〈소네트 4〉

15장

자기 컨트롤이 필요하다

자제에서 선행이 시작되고,
이윽고 모든 고결한 성품을 배울 수 있다.

최고의 지혜에 이르기 위해서는 배워야 한다. 최고의 가르침은 스스로를 컨트롤하는 것, 즉 '자제'이다. 경험이라고 불리는 학교에서 혹독한 벌을 받을 때가 있는데 그것은 모두 이 과제를 수행하지 않았기 때문이다.

자제심이 없으면 '구제'와 같은 말은 무의미하며 평안도 없다. 욕망을 억제하지 않으면서 왜 죄사함 받기를 원하는가? 자신의 마음의 문제나 장애를 극복하지 않고는 영원한 평안에 이를 수 없다.

자제는 더없이 행복한 길로 들어서는 문이다. 빛과 평안으로 가는 길을 안내한다.

자제하지 못하는 사람은 이미 지옥에 있는 것과 같다. 어둠 속에서 헤매며 불안에 휩싸인다. 자제심이 결여되면 심신은 어떤 말로도 표현하기 어려운 고뇌를 겪게 된다. 자신을 컨트롤할 수 있는 훈련을 하지 않는 한 고통과 고뇌는 사라지지 않는다.

자제심을 대신할 수 있는 것은 아무것도 없다. 누군가가 해 줄 수도 없다. 늦었다고 생각하지 말고 이제라도 스스로를 컨트롤하는 훈련을 하지 않으면 안 된다.

스스로를 컨트롤하면 거룩한 힘이 솟아난다

우리는 자제함으로써 내재된 신성한 힘을 발휘하여 숭고한 지혜에 이를 수가 있다.

누구나 이 훈련을 할 수 있다. 아무리 의지가 약한 사람이라도 지금 시작할 수 있다. 시작하지 않는다면 계속 약한 상태로 지내야 하고 어쩌면 점점 약해질지 모른다.

아무리 예수, 브라만, 부처 등 신성한 존재를 믿는다고 해도, 자신을 컨트롤해서 마음을 정화하지 않는 사람에게는 아무 일도 일어나지 않는다. 신적인 존재들을 백날 의지해 봤자, 자신에게 내재된 다툼이나 무지 및 타락적 요소에 얽매이는 한 아무 도움도 안 된다.

비방을 그만두고, 화를 참으며, 분노를 조절하고, 음란한 생각에 빠지지 않도록 해야 한다. 이것을 버리지 않는다면 그 사람의 죄를 없애는 것은 무리다. 그런 사람을 바로잡는 것 역시 어떠한 힘으로도 불가능하다.

아름다운 꽃도 땅속에서 어둠을 견뎌야만 싹이 되어 지상의 빛을 맘껏 쬘 수 있다. 사람도 자기 안에 내재되어 있는 어둠과 싸운 뒤에야 진리의 빛을 만날 수 있다.

자제함으로써 자유와 영광이 찾아온다

대부분의 사람들은 자제심이 얼마나 중요한가를 잘 이해하지 못한다. 자제심이 절대적으로 필요하며, 그로 인해 얻어지는 정신적 자유와 영광을 잘 알지 못한다.

그래서 인류는 혼란 속에서 고통에 빠질 수밖에 없다. 폭력, 불순함과 부도덕한 행위, 고뇌라고 하는 것을 차분히 바라보라. 그 속에서 자제하지 못했기 때문에 얼마나 많은 문제가 발생했는지를 생각해 보라.

다시 한 번 강조하지만, 스스로를 컨트롤하는 것은 행복으로 가는 문이다. 자제심이 없으면 행복과 사랑, 평안을 누릴 수 없고, 지속할 수도 없다. 자제심이 결여될수록 의식이 혼란스럽고 인생이 갈피를 잃을 것이다.

그런데도 많은 사람이 여전히 자제심을 익히려 들지 않는다. 따라서 질서를 유지하고 파괴적인 혼란을 방지하기 위해 개개인의 노력뿐만 아니라, 때론 국가의 법률로도 속박할 필요가 있다.

진정성 있는 인생을 위해 제일 필요한 덕목

자제심에서 선행이 시작되고, 이윽고 모든 고결한 성품을 배울 수 있다. 자제심은 진정성 있는 정신을 갖춘 인생을 보내기 위해 제일 필요한 자질이다. 자제함으로써 고요하고, 행복하며, 평온한 길로 나아간다.

스스로를 컨트롤하지 못하면 어떤 훌륭한 가르침이나 신앙심이 있어도 그 숭고한 가르침을 제대로 실천할 수 없다.

정신적인 가르침을 실천한다는 것은 지혜롭게 행동한다는 것이다. 멋대로 행동하려는 의식을 통제해야 고매한 정신의 소유자로 살 수 있다.

자제하기를 꺼려하거나 싫어하다 보면 숭고한 가르침과 평상시의 행동은 별개라고 착각하여 가르침이 삶에 적용되지 못한다. 심지어 그런 가르침 속에는 자기 본위를 내려놓거나 죄를 짓지 않고 사는 삶은 포함되어 있지 않다고 스스로를 납득시킨다.

알베르토 프로도시미, 〈베니스 풍경〉

반면 자신이 믿는 종교와 경전에 대해서는 나름의 독특한 방법으로 숭배를 한다. 그러다 보니 머리로는 좋은 가르침이라는 것을 알고도 생활에 실천이 되지 않아 분열과 혼란이 일어난다. 뿐만 아니라 자신의 종교만을 내세우며 잘못된 믿음으로 폭력이나 비참한 분쟁까지 일으키게 된다.

정신적인 가르침을 실천하기 위해선 자신의 마음을 잘 살펴야 한다. 정화된 의식, 사랑이 깃든 마음, 평온한 영혼이 되어야 한다. 혹여 다른 가르침을 추종하는 사람들이 나의 가르침을 비판하더라도 굳이 변호할 필요는 없다. 다른 사람이 아닌 나 자신이 숭고한 가르침대로 존재하고 행동하고 살아가는 것이 중요하기 때문이다.

자기 자신을 컨트롤하기 시작했을 때 비로소 그 사람은 정신을 고양시키는 가르침을 실천했다고 말할 수 있다.

어리석은 길에서 지혜의 길로

지혜는 감정과 욕망을 이기는 데서 시작된다.
지혜는 배움이 아니라 삶에서의 실천으로 얻어진다.
올바른 생각과 행동이야말로 진짜 지혜다.

지혜야말로 훌륭한 인생으로 가는 길이다. 의심되고 애매한 것을 명확히 밝혀 주어 이해와 확신을 주기 때문이다.

세상의 온갖 자극적인 것들, 쾌락과 감정의 소용돌이 속에서 지혜는 침착하고 고요하고 아름다운 것을 추구하며 결코 쉽지 않은 길을 걸어간다.

그것은 지혜가 이해할 수 없을 정도로 복잡한 것이 아니라, 오히려 소박하고 단순하기 때문이다. 자기 스스로의 마음으로는 분별력이 없고 경솔하여 올바른 일이나 그로 인한 기쁨을 거부한다.

지혜는 자의식이 죽어야 산다

구약성경에 의하면 지혜는 "멸시를 받아 사람들에게 버림받고" 있다(이사야 53장 3절).

왜냐하면 지혜는 언제나 마음을 헤집는 듯한 소리로 자의식에 날카롭게 파고들어 어리석고 미련한 사람들에게는 그 나무람이 참으로 견디기 어렵기 때문이다.

지혜를 익히려면 자의식이 죽어야 할 정도로 상처받지 않으면 안 된다. 이 때문에 지혜는 자의식의 적이 되고 자의식은 반항을 꾀하지만, 그럼에도 지혜가 위협을 받거나 부정되지는 않는다.

어리석은 사람은 자신의 감정이나 욕망에 지배당한다. 어떤 일을 하든 '과연 이것이 올바른 것인가?' 하고 자문하지 않고, 어느 정도의 쾌락과 이익을 얻을 것인가를 계산한다. 정해진 법칙에 따라 감정이나 행동을 통제하기보다는 자신의 욕구 충족이 가장 우선인 것이다.

현명한 사람은 감정을 통제하고 개인의 욕망을 모두 버린다. 충동이나 정념에 동요하지 않고 무엇이 옳은 것인가를 냉정히 판단하여 행동한다. 늘 사려 깊고, 침착하고 냉정하며, 고매한 정신의 법칙을 좇아 행동을 한다. 그리고 기쁨이나 고통 같은 양극단의 감정은 초월한다.

스타니스와프 비츠키에비치, 〈바다 위의 일몰〉

올바른 생각과 올바른 행동

지혜는 책을 읽거나 여행을 한다고 얻어지는 것이 아니다. 공부나 철학을 통해서 얻을 수 있는 것도 아니다.

오로지 삶에서 실천해야만 얻을 수 있는 것이다.

훌륭한 현자의 가르침을 받았다 해도 자신의 마음을 정화하거나 조절하지 않으면 어리석은 상태에서 벗어날 수 없다. 아주 훌륭한 철학자의 저술에 정통해 있더라도, 자신의 감정에 휘둘리고 있다면 지혜에 도달할 수 없다.

지혜란 올바른 생각과 올바른 행동을 하는 것이다. 어리석은 모습이란 잘못된 생각과 잘못된 행동을 하는 것이다. 아무리 많은 책을 읽고 배운다 해도 자기의 잘못을 알고도 고치지 않는다면 아무런 의미가 없다.

지혜는 우리에게 이렇게 말한다. 자아도취가 심한 사람에게는 "자만해서는 안 된다", 거만한 사람에게는 "겸손하라", 수다스러운 사람에게는 "말을 삼가라", 화를 잘 내는 사람에게는 "화를 누그러뜨려라"고 조언한다.

또한 원한을 품고 있는 사람에게는 "원수를 용서하라", 철없는 사람에게는 "도리를 지켜라", 음탕한 사람에게는 "육체적 욕망을 다스려라"고도 얘기한다.

그리고 우리에게 당부한다. "작은 잘못도 만만히 보아서는 안 된다. 자기에게 주어진 일을 성실히 행하라. 결코 다른 사람이 하는 일에 간섭하지 마라"라고.

지혜의 길은 항상 열려 있다

이처럼 지혜가 요구하는 일은 실로 단순하다. 그것을 행하는 것도 단순하다. 그러나 자의식을 깨뜨려야 가능하므로 우리 마음속에 있는 자기 본위의 생각은 지혜에 반항을 도모한다.

자기 본위의 마음은 자극적이고 욕망으로 들뜬 쾌락의 인생을 추구하여 지혜가 주는 고요와 아름다운 침묵을 싫어한다. 이 때문에 사람은 어리석은 상태에서 벗어나기 힘들다.

지혜의 길은 항상 열려 있다. 나그네가 가시나무처럼 우거지고 뒤엉킨 어리석음의 길을 걷다 지쳐 버려도, 지혜의 길로 들어서면 언제든지 받아 준다.

현명해지는 것을 싫어하는 사람은 없다. 다만 자기 스스로 방해를 할 뿐이다. 자신의 노력과 의지 없이는 어느 누구도 지혜를 익힐 수 없다.

  스스로 정직하고 자신의 무지함과 잘못을 깨닫는 것이 중요하다. 그리고 이런 자신을 고쳐 나가고자 의지를 갖고 노력할 때, 지혜의 길을 발견하게 될 것이다.

17장

기질이나 성격은 바꿀 수 있다

성격은 똑같은 것을 자꾸자꾸 반복하다가
만들어진 습관에 불과하다.
같은 것을 반복하지 않도록 노력하면
바꿀 수 있다.

"어쩔 수 없어. 그건 천성이니까."

나쁜 행동을 했을 때 변명으로 자주 하는 소리다.

즉, 이렇게 말한 당사자의 심리엔 '이 문제에 대해서는 선택의 여지가 없다. 성격은 바꿀 수가 없다'라는 생각이 깔려 있다.

이런 사람은 자신의 성격이 좋지 않다는 것을 알고 있어도 죽을 때까지 어쩔 도리가 없다고 굳게 믿는다. '이런 성격으로 태어났으니까 체념해야지' '아버지나 할아버지도 그랬으니까'라는 것이 이유다.

심지어 가족이나 친척 중에 자신의 성격과 닮은 사람이 전혀 없어도 오래전 조상 중에는 있었을 거라며 자신이 이어받은 것이라고 이유를 댄다.

그런 낡은 생각은 벗어던져 없애 버려야 한다. 말도 안 되는 이유들인 것이다. 성격은 결코 바뀌지 않는다는 생각은 모든 일들의 발전을 가로막고, 성격을 좋은

에곤 쉬엘레, 〈촛대, 꽃병, 가면이 있는 정물화〉

방향으로 향상시키지 못하며, 숭고한 인생을 살지 못하게 방해할 뿐이다.

나쁜 성격에서 고결한 성격으로

성격은 영구불변의 것이 아니다. 실제로는 바뀌기 쉬운 성질을 가지고 있다. 설령 자신의 의지력에 따라 바꾸기 힘들어도 주위의 환경에 따라 언제든지 고칠 수 있다.

성격은 고정된 것이 아니다. 같은 일을 계속하거나 '어쩔 수 없다'고 완고하게 매달리기 때문에 바꾸지 못할 것처럼 생각되는 것이다. 그런 믿음을 버린 순간부터 성격의 변화는 시작된다.

게다가 이해력이나 의지를 동원하면 기질은 언제든지 고칠 수 있으며, 진지하게 노력한다면 바뀔 수 있음을 알게 될 것이다.

사실 성격은 똑같은 것을 자꾸자꾸 반복하다가 만들어진 습관에 불과하다. 같은 것을 반복하지 않도록 노력하면 기질도 바뀐다. 다시 강조하지만, 성격은 바꿀 수 있다.

사고와 행동의 낡은 습관을 멈추는 것이 처음엔 무척 어렵다. 그러나 의지력으로 조금씩 계속 시도하다 보면 서서히 편안해진다. 마지막에는 조금도 노력할 필요가 없어진다. 그리고 새로운 좋은 습관이 만들어진다.

나쁜 성격도 점차 변화되어 고결한 성격이 된다. 이런 단계에 이르면 고통으로부터 해방되어 기쁨을 맛볼 수 있다.

자신에게 불행을 초래하는 성격에 더 이상 연연해할 필요가 없다. 그런 성격은 언제든지 버릴 수 있고, 그 함정에서 벗어날 수 있다. 진정한 자유로움을 경험하게 될 것이다.

18장

일의 가치와 기쁨을 누려라

어떤 일을 하건 그것은 존경받아 마땅하다.
우리가 고결한 정신을 갖고 일을 한다면
세상 사람들도 고결한 일임을 인정해 줄 것이다.

어떤 일을 하든, 그 일은 존경받아 마땅하다. 우리가 고결한 마음으로 일에 임한다면, 세상 사람들도 그 일이 고귀하다는 것을 인정하게 될 것이다.

"노동이야말로 인생이다."

이 진리의 말은 아무리 강조해도 지나치지 않는다. 노동은 단순히 생계를 위한 수단이 아니라, 우리 삶의 중요한 일부다. 이 말은 우리가 항상 일에 진지하고 열정을 다해야 한다는 메시지를 담고 있다.

그렇지만 어떤 사람들은 "노동은 지루하고 힘든 것이다" 또는 "일을 하다 보면 쾌락이나 안락함을 즐길 수 없다"고 생각할 수 있다. 이런 사람들은 노동 자체가 고귀하고 행복한 일이라는 사실을 이해하지 못하고 있는 것이다.

이럴 때, "노동이야말로 인생이다"라는 말을 마음속 깊이 되새겨 볼 필요가 있다. 노동은 단지 육체적, 정신적 활동을 의미하는 것만이 아니다. 그것은 생명의 핵심적인 부분이며, 활발하게 일하는 삶이 더 풍요롭고 가치 있는 삶으로 이끌어 준다.

두뇌를 사용하는 정신노동자나 독창적인 아이디어를 끊임없이 생각해내는 사람은 언제나 활력이 넘친다. 마찬가지로, 농업에 종사하거나 육체적으로 활동하는 사람들도 계속해서 에너지가 넘치고, 그 자체로 빛이 난다.

우리는 각자 다양한 역할 속에서 노동하고 있으며, 그 노동의 가치는 단지 결과물에만 있지 않다. 그 과정에서 우리는 성취감을 얻고, 자기 자신을 더욱 성장시키는 기회를 가진다. 우리가 하는 모든 일이 결국 우리를 더 나은 사람으로 만들어 준다는 것을 기억하라.

일의 가치를 인정하자

마음이 깨끗하고 의식이 건강한 사람들은 일을 좋아하며, 일하고 있을 때 행복감을 느낀다. 물론 일을 하면

샤를 에밀 자크, 〈농장의 수탉과 암탉〉

피곤해지기도 하지만, 그럼에도 불구하고 보람을 느끼거나 오히려 더 많은 활력을 얻어 만족감과 충실감을 느낀다.

하지만 일이 괴롭고 힘들게만 느껴진다면, 그 이유는 노동 자체의 가치를 인정하지 않거나, 지나치게 고민하고 불평하거나, 게으름 때문일 수 있다. 특히 게으름은 아주 위험한 마음가짐이다. 노동이 삶의 중심이라면, 게으름은 이미 삶을 놓아버린 것과 마찬가지다.

일이 힘들다고 한탄하기 전에, 일의 본질적인 가치를 인정하고 그에 대한 사고를 바꾸는 것이 필요하다. 일에 대해 부정적인 태도를 가진 사람들, 또는 "열심히 일해도 손해만 본다"고 생각하는 사람들은, 일 자체가 나에게 활력을 주고 성장할 기회라는 점을 이해해야 한다.

어떤 사람들은 일을 부끄러워하거나, 일에 몰두하는 것이 품위에 맞지 않다고 생각하기도 하다. 그러나 '순수한 마음'과 '믿음직한 두뇌'를 가진 사람은 일을 두려워하거나 부끄러워하지 않는다. 맡은 일이 무엇이든, 그 일을 존경할 만한 가치 있는 일로 만들어간다.

필요한 일이 있다면, 그 일은 결코 나의 품위를 떨어뜨리지 않는다. 오히려 내가 일을 어떻게 받아들이고 해 나가는지가 나의 품위를 결정한다. 반면, 일을 좋아하지 않고 자신의 일을 열등하게 여기는 사람은 스스로 품위를 떨어뜨리게 된다. 이는 일 자체가 아니라, 자신의 비굴한 허영심에서 비롯된 문제다.

"인간에게는, 매일 해야 할 마음과 육체의 일이 있다. 그것이 인간의 존엄을 드러내는 것이다."
— 존 밀턴, 서사시 《실낙원》

게으름을 피우면서 일을 두려워하는 사람들, 또는 열등감이 심하여 일하는 것을 부끄러워하는 사람은 모두 빈곤의 길을 걷고 있다. 아니, 이미 빈곤해져 있을지도 모른다.

일을 사랑하는 근면한 사람, 위엄을 갖추면서 일을 찬미하는 사람은 모두 부유의 길을 걷고 있다. 아니, 이미 부를 얻고 있는지도 모른다.

게으름이 심한 사람은 가난해져서 범죄의 씨앗을 뿌리고 있다. 열등감으로 일을 부끄러워하는 사람은 구겨진 체면의 씨앗을 이리저리 뿌리고 다닌다.

반면, 부지런한 사람은 부유해져 미덕이라는 씨앗을

뿌리고 있다. 위엄 있는 사람은 승리와 명예를 쟁취하는 씨앗을 뿌리고 있다. 행한 것이 씨앗이 되고, 때가 차면 그에 따른 수확을 얻을 것이다.

> **"자기 일을 찾은 사람은 행복하다.
> 이제 다른 행복을 추구할 필요가 없다."**
> ― 토머스 칼라일, 《과거와 현재》

19장

슬픔을 극복하는 법

전쟁은 마음속 투쟁 때문에 발생한다.
의견이 일치하지 않거나 충돌로 인해 내면의 정신적 조화가 깨졌을 때
그것이 전쟁이라는 형식을 취해 나타나는 것이다.

살다 보면, 어느 날 슬픔이 예고 없이 찾아온다. 하루아침에 계획이 무너지고, 믿었던 사람이 멀어지며, 잡고 있던 모든 것이 손가락 사이로 흘러나가는 듯한 순간이 있다.

전날까지만 해도 웃고 떠들던 사람이, 다음 날은 깊은 절망에 빠져 아무 말도 못 하게 되는 것. 그게 바로 인생이다.

슬픔은 소리 없이 찾아온다. 마치 날카로운 화살처럼, 우리의 마음을 꿰뚫는다. 기대하던 미래를 산산이 부수고, 하던 일의 의미마저 잃게 만든다. 하지만 그런 절망의 한가운데서, 우리는 조금씩 '진짜 나'를 만나기 시작한다.

평소엔 몰랐던 내 마음의 소리를 듣게 되고, 무너지지 않을 줄 알았던 자만심이 무너질 때 비로소 삶의 깊은 질문과 마주한다.

"나는 지금까지 무엇을 붙잡고 있었을까?"

"정말 중요한 건 무엇일까?"

모든 것이 흐려질 때, 오히려 진짜가 또렷해진다. 가볍고 화려한 기쁨이 사라진 자리에서, 우리는 조용하지만 변하지 않는 무언가를 찾기 시작한다. 그건 '평안'이다.

누가 가져다주는 것도, 외부에서 주어지는 것도 아닌, 내 안에서 발견되는 진짜 평안. 슬픔을 외면해서는 이 평안에 닿을 수 없다. 슬픔을 온전히 느끼고, 받아들이고, 통과해야만 그 반대편에 있는 고요한 평안, 진리에 가까워질 수 있다. 그러니 너무 두려워하지 말라.

지금 당신을 덮은 이 슬픔이, 언젠가 당신을 더 단단하고 지혜로운 사람으로 만들 것이다.

슬픔은 축복이라는 모습이 변한 것

예수는 "애통하는 자는 복이 있나니"라고 말했다(마태복음 5장 4절). 부처는 "괴로움이 있는 곳에 지복이 있다"고 했다. 이 두 말은 우리에게 중요한 진리를 전한다.

슬픔은 단순히 고통의 시간이 아니라, 우리가 성장하고 변화하는 과정의 일부다. 슬픔은 인생의 끝이 아니며, 그 뒤에는 항상 기쁨과 평안이 기다리고 있다. 중요한 것은 그 과정을 어떻게 받아들이고, 그 속에서 무엇을 배우느냐이다.

어떤 어려움이 와도 낙담하지 말라. 그 속에서 진리를 찾고, 그것을 내 삶에 적용하는 능력을 키워나가라. 진리를 추구하는 여정은 때로 힘들지만, 결국은 우리를 더 강하고 지혜로운 사람으로 만들어준다. 중요한 건 감정에 휘둘리지 않는 것이다. 자기중심적인 마음이나 일시적인 감정에 따라 움직이지 않고, 마음의 중심을 지키며 나아가는 것이다.

슬픔은 잠시일 뿐이다. 그 시기가 지나면, 더 큰 깨달음과 평화를 얻게 될 것이다. 하지만 그 시기가 다가올 때, 우리는 흔들릴 수 있다. 왜냐하면 조금만 감정에 휘둘리면 쉽게 불안과 슬픔에 빠지기 때문이다. 그렇다면 그때, 한 걸음 물러서서 생각해 보라. 지금 내가 느끼는 슬픔은 내 마음이 만들어낸 것이다. 그 슬픔을 인정하고, 그것을 극복할 수 있는 힘은 바로 나에게 있다는 사실을 깨닫는 것이 중요하다.

그리고 그 너머에 있는 밝고 맑은 빛을 향해 나아가라. 우리는 스스로 만든 문제를 해결할 수 있는 능력을 가지고 있다. 내가 만든 슬픔이라면, 내가 그것을 이겨 낼 힘도 있다는 믿음을 가져야 한다. 궁극적으로, 우리에게 해가 되는 일은 일어나지 않는다. 모든 것은 우리가 경험을 통해 배우기 위한 과정이다.

시인 존 바로우즈는 이렇게 말했다.

"공간도 시간도 깊은 곳이나 높은 곳이나 나를 나 자신으로부터 멀어져 가게 할 수는 없다."
― 존 바로우즈, 〈기다리다〉

우리의 삶은 화려한 빛만으로 이루어지지 않는다. 어두운 시간도, 우리를 더 강하고 단단하게 만들어 주는 중요한 경험이다. 이 모든 시간이 지나면, 우리는 더 나은 사람이 되어 있을 것이다. 어려움은 단지 잠시일 뿐, 그 속에서 우리가 성장하는 기회가 숨어 있다.

고난의 잔을 받아들이다

인생은 언제나 평탄하지 않다. 우리는 종종 예기치 못한 문제와 마주하게 된다. 때로는 성과가 없고, 가까운 사람들과의 관계도 어려워지기도 한다. 친구들이 하나둘씩 떠나고, 당신을 칭찬하던 사람들의 입에서 비난의 말이 나오기도 한다. 사랑하는 사람의 입술에서 따뜻한 말 대신 조롱을 듣게 될 때도 있을 것이다.

이런 순간, 당신은 외로움과 슬픔 속에서 홀로 남겨질지도 모른다. 어제는 사랑하는 사람이 당신을 지지해 주었지만, 오늘은 버림받은 것 같은 기분이 들기도 한다. 이럴 때, 우리에게 가장 중요한 것은 고통을 어떻게 받아들이느냐이다.

예수는 겟세마네 동산에서 자신이 겪게 될 고난을 예견하고 고뇌했다. 그리고 그는 그 고난의 잔을 받아들였다. 우리도 마찬가지다. 인생에서 고통이나 실패가 닥쳐올 때, 그것은 '고난의 때가 왔구나' 하고 생각하며 받아들여야 한다. 고난은 우리가 피할 수 없는 부분이다. 그러나 중요한 것은 그것을 어떻게 다루는가다.

고뇌와 고통이 밀려올 때, 세상이 온통 어둡고 한치 앞도 보이지 않는 것처럼 느껴질 수 있다. 그럴 때는 어떤 기도나 외부의 도움도 즉각적인 변화를 가져오지 못할 수 있다. 그러나 그때 우리가 할 수 있는 가장 중요한 일은, 고난을 피하지 않고 묵묵히 받아들이는 것이다.

"이 고난이 지나가리라"고 믿으며 견디는 것이다.

고난의 순간은 당신이 성장할 기회를 주는 시간이다. 불평하거나 남을 비난하는 대신, 자신이 겪고 있는 일을 자신의 일부로 받아들이라. 그것이 바로 당신의 운명이다. 그 순간, 당신은 인내를 배우고, 더 강해진다. 그리고 어느새 그 어려운 시기가 지나가면, 당신은 한층 더 온화하고 강력한 마음으로 변화해 있을 것이다. 그때, 당신은 더욱 활기차고 긍정적인 삶을 살아갈 수 있게 될 것이다.

슬픔을 극복하다

우리는 때때로 불행과 어려움 속에 빠지곤 한다. 삶의 고난에 부딪히면, 피곤하고 지친 마음은 무력감에 사로잡혀 의욕을 잃게 만든다. 이때, 신에게 구원을 바라며 울부짖기도 하지만, 그 어떤 위로도 고통을 줄여주는 것도 느껴지지 않는다. 이 시점에서 우리는 비로소 깨닫게 된다. 슬픔은 단지 우리를 괴롭히고, 기도만으로 해결되지 않는다는 사실.

하지만 이 지점에서 중요한 전환점이 생긴다. 슬픔을

통감하며 우리는 점차 자신을 내려놓고, 마음을 정화하려는 준비를 시작한다. 이 순간, 우리가 할 수 있는 가장 중요한 일은 자기 컨트롤을 실천하는 것이다. 즉, 우리의 정신을 단련하고, 마음의 힘을 키워가는 과정에 들어서게 되는 것이다. 스스로를 제어하면서, 그 과정에서 신성하고 강력한 힘이 생겨난다.

슬픔의 원인이 결국 자신에게 있다는 것을 깨닫고, 이를 제거하려는 노력이 시작된다. 그러면서 우리는 인내를 배우고, 자신을 비난하거나 동정하지 않고, 오히려 다른 사람들을 배려하게 된다. 실수하더라도 그것에 연연하지 않으며, 그 대신 더 나은 사람으로 성장하기 위한 깊은 숙고의 시간을 갖는다. 이 과정에서 우리는 자신을 돌아보며, 더 강해지고, 더 현명해지며, 진정한 용서를 배운다.

수많은 좌절과 고통을 통해 우리는 겸손을 배우고, 그 고통을 자신을 단련하는 기회로 바꾸게 된다. 그리고 그 모든 경험을 통해 우리는 타인을 진심으로 배려하고, 관대하고 강하며 부드럽고 흔들리지 않는 성품을 갖추게 된다. 이런 변화는 우리가 진정으로 내면의 평화와 행복을 찾는 길로 끌어준다.

결국, 이 모든 과정은 슬픔을 극복하는 길이다. 마지막에는 내면의 진리를 깨닫고, 영원한 평안의 의미를 이해하게 된다. 이제 마음의 눈이 열리고, 우주의 질서와 법칙을 통찰하는 힘을 얻게 되며, 우리는 기쁨에 찬 행복을 경험하게 될 것이다.

우리가 이 여정을 거치면서 진정한 평화와 내면의 자유를 얻을 수 있다는 것을 믿길 바란다.

현자는 비탄해하지 않는다

우리는 모두 삶에서 고난과 슬픔을 겪는다. 그러나 진정한 지혜를 얻고 사물의 진정한 조화와 질서를 이해하면, 더 이상 슬픔에 휘둘리지 않게 된다. 많은 사람이 자신의 자아에 집착하며, 순간적인 기쁨과 작은 실망에 마음을 뺏긴다. 그런 마음이 지속되면 결국 우리에게는 불평과 불안, 심지어 병이 찾아온다.

하지만 그 자아를 내려놓을 때, 진리가 우리 안에서 자연스럽게 흘러나온다. 그때 우리는 진정한 행복과 평안을 경험할 수 있다.

자아가 사라지고, 대신 우주의 의지가 자리를 잡으면,

우리는 더 이상 개인적인 욕구나 불만에 휘둘리지 않는다. 대신, 모든 것을 사랑하고 자비로운 마음을 가질 수 있게 된다. 이때 슬픔은 진리의 축복 속에서 녹아 사라지고, 우리는 더 이상 그 고통에 얽매이지 않게 된다.

때로 우리는 마음속에 제거할 수 없는 슬픔을 경험할 때가 있다. 그 슬픔은 종종 우리의 잘못된 사고와 행동으로부터 비롯된 결과일 수 있다. 그때, 우리는 그 고통의 과정 속에서 신성한 배려를 배우고, 모든 상처는 치유되며, 눈물은 멈추게 된다.

결국, 우리는 새로운 거룩한 삶을 되찾는다. 그 삶은 더 이상 슬픔에 휘둘리지 않으며, 자의식이 사라진 곳에서 진정한 자유와 평화를 찾게 된다.

"현자는 비탄해하지 않는다"는 말처럼, 우리는 슬픔을 통해서만 진정한 평안을 얻을 수 있다. 형벌 뒤에 나타나는 변화, 고통 뒤에 빛나는 모습은 우리 모두에게 다가올 수 있는 길이다. 슬픔을 극복하고 나면, 더 이상 슬픔이 우리를 지배하지 않게 된다. 그것이 바로 우리가 진리의 세계에 가까워진다는 의미다.

이 모든 과정은 우리가 진정으로 내면의 평화를 찾는 길이다. 고통과 슬픔을 넘어서면, 그곳에서 우리는 더 큰 깨달음과 자유를 얻을 수 있다. 진리를 따르는 여정에서 우리는 결국 더 강하고, 더 자비로운 사람으로 거듭날 것이다.

인생에서 모든 것은 변한다

가장 가까운 곳에서 우애 정신을 실천하는 것이,
전 세계인과의 우호를 실현하기 위한
첫걸음이다.

우리는 누구나 더 나은 삶을 원한다. 지금보다 더 성숙해지고, 더 깊은 사람으로 성장하길 바란다. 그 마음속에는 끊임없이 '향상'을 향한 욕구가 있다. 그리고 그 향상은 언제나 '변화'를 통해 이루어진다.

그래서 변화는 두려움의 대상이 아니라, 우리가 원하는 삶으로 이끄는 통로다. 사람은 경험을 통해 배우고, 지식을 쌓고, 지혜를 얻는다. 그 과정에서 우리의 사고방식도, 행동도, 삶의 태도도 달라진다. 이것이 바로 '진화'다.

진화는 갑작스럽게 전혀 새로운 존재로 바뀌는 것이 아니라, 지금의 나를 기반으로 조금씩 나아지는 과정이다.

어제보다 오늘, 오늘보다 내일 더 나아지는 것. 그것이 바로 우리가 겪는 변화의 본질이다.

변화는 누구에게나 찾아온다. 꽃이 피고 지듯, 우리

인생도 끊임없이 피고 지는 순간들로 가득 차 있다.

식물도, 동물도, 인간도 성장하고, 시들고, 다시 피어나며 우주의 모든 존재는 그렇게 순환한다.

심지어 태양조차도 수많은 변화를 거쳐 언젠가는 소멸하는 순간을 맞이한다. 변화 속에는 분명 슬픔과 고통이 있다. 사랑했던 것을 잃기도 하고, 익숙한 것을 떠나야 하기도 하니까.

하지만 변화는 결코 나쁜 것이 아니다. 그것은 삶이 우리에게 건네는 초대장이다. 더 나은 나, 더 단단한 나, 더 충만한 나로 가는 길을 열어주는 문이 바로 변화다. 우리의 의식도 매 순간 바뀐다.

하루하루의 경험, 매번의 선택, 사소한 행동 하나나가 우리를 조금씩 다르게 만든다. 지금의 나는 어릴 적의 나와는 너무도 다르다. 그리고 앞으로의 나 역시 지금과는 또 다를 것이다.

'변하지 않는 존재'라는 건 현실이 아닌 상상 속의 개념일 뿐. 이 세상에 멈춰 있는 것은 아무것도 없다.

모든 것은 변하고 있고, 우리는 그 흐름에서 계속 진화하고 있다. 그러니 이제 변화 앞에서 두려워하지 말아야 한다. 변화는 당신을 더 나은 방향으로 이끌기 위해 온 것이다.

지금의 변화가 불안하더라도, 그 끝에는 분명 새로운 기회와 성장이 기다리고 있다.

완벽하지 않아도, 나아갈 수 있다

"사람의 영적인 정신은 영원히 순수하고 완전하다. 죄나 고통은 모두 환상일 뿐이다."

"아니다. 인간은 본질적으로 불완전하며, 정화될 수 없고 완성은 환상에 불과하다."

이 두 극단적인 주장 모두 실제 삶을 살아가는 우리에게는 와닿지 않는다. 왜냐하면 이 말들은 인간이 매일 겪는 현실적인 경험에서 비롯된 것이 아니기 때문이다. 오히려 추상적인 사상 속에서 만들어진 이론일 뿐, 인생의 진실을 외면한 주장이다. 이 두 주장을 따르는 사람들은 일상에서 겪는 슬픔, 실패, 기쁨, 회복 같은 가장 인간적인 감정과 경험조차 부정해버린다.

그러나 우리가 마주한 현실은 분명하다.

우리는 태어나고 자라며 나이를 먹는다. 기쁨을 누리기도 하고, 슬픔에 빠지기도 한다. 실수하고 후회하며,

다시금 더 나은 내가 되기 위해 노력한다. 완성이라는 목표를 품고 한 걸음씩 앞으로 나아간다. 이 모든 것은 실제 우리의 삶에서 매일같이 벌어지는 일들이다. 결코 철학적 추론이 아니다.

만약 사람이 태어날 때부터 완전한 존재라면, 굳이 자신을 돌아보고 성장할 이유가 없을 것이다. 수많은 정신적 가르침들도 무의미해지고, 나아지려는 모든 노력은 헛된 일이 된다.

반대로, 우리가 아무리 애써도 완성에 도달할 수 없다면, 고귀한 목표를 향한 우리의 분투는 의미를 잃는다. 그런 생각은 오히려 향상심을 조롱하고, 고결한 삶을 추구하는 이들을 비웃게 만들 뿐이다.

하지만 우리는 현실을 안다. 세상에는 죄가 있고, 고통과 슬픔도 존재한다. 동시에, 위대한 현자들이 보여준 것처럼, 그 고통을 이겨내고 더 맑고 깊은 사람으로 거듭날 수도 있다. 완성을 꿈꾸며 조금씩 나아가는 삶은 분명 의미 있다.

우리는 어떤 모순된 존재가 아니다. 불완전하지만, 동시에 성장하고자 하는 진실한 존재다.

우리가 해야 할 일은 현실을 부정하거나 이상에만

머무는 것이 아니라, 삶의 경험 속에서 진리를 찾고 나아가는 것이다.

"모든 것은 변화하고, 그 변화는 성장으로 이어진다."

이 간단한 진리를 받아들인다면, 우리는 더 이상 스스로를 의심하지 않고, 있는 그대로의 삶을 껴안을 수 있다. 그리고 조금씩 꾸준히 완성을 향해 나아갈 수 있을 것이다.

경험은 변화와 성장

이론만으로는 현실을 바꿀 수 없다. "병이나 노화, 죽음은 단지 환상일 뿐"이라고 아무리 주장해도, 우리는 병들고, 늙고, 결국 죽음을 맞이한다. 바꿀 수 없는 진실이다.

변화는 피할 수 있는 일이 아니라, 언제나 계속되는 자연의 법칙이다. 고요하게 흐르지만, 결코 멈추지 않는 이 법칙은 우리 삶 전체에 스며들어 있다. 만약 변화가 없다면, 성장도 없고 발전도 없다. 지금보다 더 나아지고자 하는 모든 노력은 무의미해진다.

사람은 불완전한 존재다. 하지만 인생을 통해 배우고

실수하고, 다시 일어나며 한 걸음씩 나아간다면 결국 완성을 향해 갈 수 있다.

사람들이 끊임없이 '더 나은 나'를 꿈꾸는 이유는 그 목표에 도달할 수 있기 때문이다. 이상을 품고, 정신적인 성장을 바라는 이유는 가능성에 대한 본능적인 믿음이 있기 때문이다.

이런 향상심은 결코 부질없는 환상이 아니다. 오히려 이 세상이라는 거대한 직물 속에 짜여 있는 필연적인 힘, 우주가 우리에게 부여한 가장 근본적인 에너지다.

우리가 어떤 신념을 가지고 있든, 한 가지는 분명하다. 우리는 지금 이 순간 '삶의 흐름' 속에서 살아가고 있다는 것. 그리고 그 안에서 끊임없이 생각하고, 선택하고, 행동하고 있다는 사실이다. 바로 그것이 '경험하는 삶'이며, 그 경험은 곧 우리를 변화시키고 성장하게 만든다.

사람은 누구나 죄책감을 느껴본 적이 있다. 이는 우리가 본래 순수한 존재로 나아갈 수 있다는 뜻이다. 우리는 잘못된 선택을 후회하고 괴로워하지만, 그 고통 속에서 진정한 선善을 향해 걸어간다. 지금의 아픔은 결코 헛되지 않다. 그것은 우리가 결국 '진리'라 불리는 아름다운 길에 닿게 될 것임을 알려주는 작은 등불이다.

에필로그

당신이 만드는 오늘이,
바로 부의 시작점이다!

 이 책의 마지막 장을 덮은 지금, 먼저 당신에게 박수를 보냅니다. 삶의 본질과 원칙을 마주하려는 당신의 선택으로, 바로 지금 부의 번영의 길이 펼쳐졌습니다.

 제임스 앨런이 말한 여덟 가지 부의 기둥은 단순한 이론이 아닙니다. 스스로의 삶을 책임지고, 부를 스스로의 힘으로 이룬 사람들의 공통된 태도이자 실천이었습니다.

 그리고 이 여덟 가지는 100여 년이 지난 지금 이 시대를 살아가는 우리에게도 똑같이 적용됩니다. 부는 극소수의 사람들만을 위한 특권이 아닙니다. 원칙을 알고, 그것을 꾸준히 실천하는 사람이라면 누구든 부의 흐름에 올라탈 수 있습니다.

 당신도 마찬가지입니다. 조금씩 실천하다 보면, 어느

순간 부와 번영이 '남의 이야기'가 아니라 '내 이야기'로 바뀌게 될 것입니다.

**"지금처럼 계속 살 것인가,
아니면 부의 길로 나아갈 것인가."**

결심만으로는 아무것도 달라지지 않습니다. 지금, 작게라도 움직이세요. 오늘 당신이 선택한 행동이 내일의 부를 만듭니다. 부의 길은 거창한 계획이 아니라, 오늘을 대하는 태도에서 시작됩니다.
지금 이 순간이, 당신 인생의 전환점이 되길 바랍니다.

지선

편저자 지선

오랫동안 번역을 하며 강사로도 활동했다. 현재는 출판기획자로 좋은 책을 만들려고 부단히 노력하고 있다. 최근 편저로 《바라는 대로 이루어지는 삶의 법칙》과 《괜찮지 않은데 괜찮다고 말하는 나에게》가 있으며, 옮긴 책으로는 《의지력이 부족한 당신이 꼭 알아야 할 인생법칙》 등 다수가 있다.

바라는 대로 이루어지는 부의 법칙

초판 1쇄 발행 2025년 8월 29일
초판 2쇄 발행 2025년 9월 10일

지은이 제임스 앨런
편저자 지선
발행처 이너북
발행인 이선이

편 집 심미정
디자인 이유진
마케팅 김 집, 송희준

등 록 2004년 4월 26일 제2004-000100호
주 소 서울특별시 마포구 백범로 13 신촌르메이에르타운 II 305-2호(노고산동)
전 화 02-323-9477 | **팩스** 02-323-2074
E-mail innerbook@naver.com
블로그 blog.naver.com/innerbook
페이스북 @innerbook
인스타그램 @innerbook_

© 제임스 앨런, 2025

ISBN 979-11-94697-17-6 (04320) 979-11-88414-80-2 (세트)

· 이 책은 저작권법에 따라 보호를 받는 저작물이므로 무단 전재와 무단 복재를 금지하며, 이 책 내용의 전부 또는 일부를 사용하려면 반드시 저작권자와 이너북의 서면 동의를 받아야 합니다.
· 책값은 뒤표지에 있습니다.
· 잘못되거나 파손된 책은 구입처에서 교환해 드립니다.

> 이너북은 독자 여러분의 소중한 원고 투고를 기다리고 있습니다.
> 원고가 있으신 분은 innerbook@naver.com으로 보내주세요.